Joseph Kemper

Münsterländische Götterstätten

Joseph Kemper

Münsterländische Götterstätten

ISBN/EAN: 9783743383210

Hergestellt in Europa, USA, Kanada, Australien, Japan

Cover: Foto ©Lupo / pixelio.de

Manufactured and distributed by brebook publishing software (www.brebook.com)

Joseph Kemper

Münsterländische Götterstätten

Münsterländische

Götterstätten,

erörtert

von

Dr. Joseph Kemper.

Münster, 1892.

Münsterländische Götterstätten,

erörtert

von

Dr. Joseph Kemper.

Münster, 1882.
Verlag der Aschendorff'schen Buchhandlung.

§. 1.

Einleitung.

An der Hand der historischen Grammatik der niederdeutschen Sprache, besonders der münsterschen Mundart, hat der Verfasser dieser Schrift sich bemüht, alte Namen und Wörter des Münsterlandes sich zum Verständniss zu bringen. Er glaubt durch dies Bestreben die ursprüngliche Bedeutung mancher Plätze, Höfe und Ortschaften erkannt zu haben. Solche Forschungen und Ergebnisse aber zu veröffentlichen, bestimmt ihn ein Beweggrund, der im siebten Briefe Seneka's vortrefflich ausgesprochen ist. „Schon darum," schreibt Seneka, „freue ich mich, etwas zu lernen, damit ich es lehren könne; wie wird mich etwas vergnügen, so trefflich es auch sei, wenn ich es für mich allein wissen soll? Würde mir alle Weisheit unter der Bedingung verliehen, dass ich sie verschlossen halte und nicht ausspreche, ich würde sie zurückweisen. **Keines Gutes Besitz ist ohne Mitgenossen erfreulich**". Dies ist der Grund, weshalb der Verfasser im vorigen Jahre eine Abhandlung „über den Bonenjäger" herausgab; es ist auch der Grund, wesshalb er jetzt dieses Schriftchen erscheinen lässt. Demselben war anfänglich die Aufgabe gestellt, eine in der Bauerschaft Alstedde bei Billerbeck liegende merkwürdige Cultusstätte des deutschen Donnergottes zu erörtern. Da aber dem Verfasser selbst bei seinen Forschungen nichts so unentbehrlich vorgekommen war, als Bekanntschaft mit der ältesten Culturentwicklung unseres Landes, so hielt er es für angemessen, eine Uebersicht der ersten Stufen derselben dem übrigen Jnhalt des Büchleins vorauszuschicken. Sie ist enthalten im ersten Kapitel.

Jm zweiten Kapitel aber sucht der Verfasser die Theilnahme des geneigten Lesers für die Erforschung der hiesigen Götterstätten dadurch zu gewinnen, dass er das Verhältniss derselben zu den Bauerschaften und Bauernhöfen untersucht. Eine Anzahl von Plätzen, die ehemals den deutschen Göttern geweiht waren, wird hierbei zur Sprache kommen. Endlich folgt dann im dritten Kapitel der Nachweis und die Erörterung des ehemaligen Götterhaines in der Bauerschaft Alstedde.

Dies ist der Inhalt und die Abtheilung des Schriftchens. Als Mittel der Forschung aber werden wiederum, wie im Bonenjäger, angewendet die Grammatik und der Sprachschatz der altmünsterschen, mittelmünsterschen und neumünsterschen Mundart. Der Heliand sowie die Freckenhorster Heberolle werden angeführt nach Heyne's Ausgaben (Paderborn 1866 u. 67), die Namen der Werden'schen Verzeichnisse nach Heyne's „altniederdeutschen Eigennamen", die mittelmünsterschen Sprachformen nach gedruckten Urkunden und nach den von Dr. Jul. Ficker herausgegebenen „Münsterischen Chroniken des Mittelalters."

Erstes Kapitel.

Ueber die ersten Stufen der Culturentwicklung im Münsterlande.

§. 2.
Erklärung des Wortes thorp.

Die ältesten Stufen der münsterländischen Cultur gränzen sich ab in gewissen socialen Vereinigungen, welche von unseren Vorfahren mit dem altsächsischen Worte thorp benannt worden sind. Wir beginnen daher mit der Erklärung dieses Wortes.

Das altsächsische Dingwort thorp, althochdeutsch thorf, gothisch thaurp, entspricht nach dem Gesetze der Lautverschiebung dem lateinischen turba; es wird daher auch wohl ursprünglich wie dieses, eine Schar, eine Anzahl bedeutet haben [1]. Jn der That erscheint das Wort in diesem Sinne noch jetzt im Plattdeutschen, wiewohl nur in sehr wenigen und seltenen Ausdrucksweisen. Von jemand z. B., der beim Kegelschieben alle neun wirft, sagt man, dass er das ganze Dorf geworfen habe. Auch das durch Umsetzung von r aus thorp gebildete trup, das in zahlreichen Ortsnamen vorkommt, z. B. Kentrup, Pentrup, erinnert an das plattdeutsche Collectiv trop, das bekanntlich eine Menge bezeichnet, z. B. en trop duwen (eine Schaar Tauben), en trop Stên, (eine Anzahl Steine).

---

[1] Ovid braucht turba sogar von zwei Personen. Metam. I, 355.

§. 3.

Haus und Familie — das erste thorp.

Aber wozu dient denn diese Erklärung von thorp? Welchen Zusammenhang hat sie mit der Altertumskunde oder mit der Culturgeschichte unseres Landes? Das fällt alsbald in die Augen, wenn wir die Oertlichkeiten und Verhältnisse in Betracht ziehen, zu deren Benennung das Wort von unseren Vorfahren verwendet worden ist. Es gibt nämlich hier zu Lande alte Bauernhöfe, die niemals sogenannte Haupthöfe (curtes), sondern immer nur Unterhöfe (mansus) waren, deren Name aber dennoch eine Zusammensetzung mit thorp ist, z. B. in der Gemeinde Billerbeck die Höfe Dalrup (verkürzt aus Daltrup), Wessendorf, Ossendorf. Es muss daher thorp in der Zeit, wo jene Namen entstanden, auch von einer einzelnen Ansiedlung, die keiner andern übergeordnet war, gebraucht worden sein, mithin von der Menge derjenigen Personen und Gebäulichkeiten, die zu einem einzigen Erbe gehörten. Das Wort benannte also in diesem Falle die Familie und ihr Besitzthum, die Grundlage aller socialen Vereinigung. Dies ist ohne Zweifel die allererste Anwendung von thorp auf menschliches Zusammenleben. Haus und Familie sind der — erste Trupp. Dal-thorp z. B., später Daltrup, dann Dalrup war der Trupp, der Hof, der im Thale lag. Ostenthorp, später Ostrup, war der Trupp, der Hof, der im Gegensatz zu einer Götterstätte oder zu einem anderen Hofe nach Osten lag.

Wie haben wir uns aber diese uranfänglichen Ansiedelungen in unserem Lande zu denken? Waren es die nämlichen, die Tacitus in Kap. 16 der Germania beschreibt? „Hie und da zerstreut, sagt er, hausen sie (die Deutschen) weit von einander, wie ihnen gerade eine Quelle, ein Feld, eine Waldung behagt hat." — „Mauersteine oder Ziegel sind bei ihnen nicht in Gebrauch; zu allem wenden sie unbehauene Baumstämme an, ohne Rücksicht auf Schönheit oder freundliches Aussehen. Einige Stellen bestreichen sie sorgfältig mit einer so reinen und glänzenden Erdart, dass es wie Malerei und bunte Linien aussieht. Sie pflegen auch unterirdische Höhlen auszugraben, und belegen sie oben mit Mist, als eine Zuflucht für den Winter und einen Versteck für die Feldfrüchte. Denn die Strenge des Winters wird durch dergleichen Anlagen gemildert, und wenn einmal der Feind kommt, so verheert er, was offen daliegt, Verstecktes aber und Vergrabenes ahnt er entweder nicht, oder es entgeht ihm eben desshalb, weil es gesucht werden müsste." Hat nun diese Beschreibung auch einmal von unseren jetzigen Bauernhöfen gegolten? Oder sind diese vielleicht ganz andere Anlagen? Liegen sie vielleicht an ganz anderer Stelle? Hat später eine neue Ansiedelung oder vielmehr Umsiedelung im Münsterlande stattgefunden? Die Beantwortung dieser Frage versuchen wir am besten erst dann, wenn wir zuvor nach einer weiteren Anwendung des Wortes thorp uns umgesehen haben.

§. 4.

Die Bauerschaft — das zweite thorp.

Aus den einzelnen Höfen und Familien erwuchs die nächst höhere Vereinigung der Landesbewohner, die sogenannte Bauerschaft, wie sie noch jetzt überall im Münsterlande, im Osnabrückischen und anderwärts besteht. Auch dieser zweite Verein, der in der Regel einen Haupthof (ältesten Hof) mit seinen Unterhöfen umfasste, wurde eine Menge, ein thorp genannt. Dies beweisen noch jetzt jene münsterländischen Bauerschaften, die keinen Hof ihres Namens auf ihrem Gebiete, aber dennoch das Grundwort thorp in ihrer Benennung haben. Die Billerbeck'sche Bauerschaft Bockelsdorf z. B. umfasste niemals einen Hof, der Bockelsdorf hiess, weder einen Haupt- noch Unterhof. Daher kann thorp in diesem Namen nur die gesammte Anzahl der vereinten Höfe, d. h. die Bauerschaft bezeichnen. Und diesen Sinn und Gebrauch des Wortes bezeugt auch eine Urkunde aus dem 10. Jahrhundert, nämlich die Freckenhorster Heberolle, welche so viele westfälische Bauernhöfe aufzählt. Sie enthält das Wort burskepi (Bauerschaft) noch kein einziges Mal, sondern nennt jede Bauerschaft thorp. Die Abgaben z. B., die aus der Bauerschaft Gronhorst bei Freckenhorst an das dortige Stift entrichtet wurden, verzeichnet sie in folgender Weise [1]: Van Gron-

---

[1] Heyne's Ausgabe 180.

hurst: Makko tein muddi gerstinas maltes gimalanas; Hemuko an themo selvon thorpa sehs muddi rokkon; Thiezo an themo selvon thorpa tuentich muddi havoron; Lievikin an themo selvon thorpa tein muddi gerstinas maltes gimalanas. Ferner von der Bauerschaft Jönsthövel bei Sendenhorst sagt sie [1]: Van West-Judinashuvila: Liuzo en gimalan malt u. s. w. Emma an themo selvon thorpa sehs muddi rokkon; Jbico an themo selvon thorpa en gerstin malt gimalan; Makko an themo selvon thorpa tuentich muddi gerston. Aehnlich lauten die Aufzählungen durch die ganze Urkunde. Thorp hiessen demnach alle Bauerschaften, und andere Dörfer als diese hat es bei unseren Vorfahren in vorchristlicher Zeit nicht gegeben.

---

[1] Daselbst 270.

§. 5.

Die deutschen Dörfer zur Zeit der Römer.

Wie verhält es sich aber mit den Dörfern, welche die Römer in unserem Lande kennen lernten? Tacitus beschreibt sie im 16. Kapitel der Germania: „Dörfer legen sie (die Germanen) nicht nach unserer Weise an, so dass die Gebäude an einander stossen und zusammenhangen; jeder umgibt sein Haus mit einem Raume, sei es zur Sicherung gegen Feuersgefahr, sei es, weil sie des Bauens wenig kundig sind [1])." Stimmt nicht diese Darstellung genau mit der Einrichtung, die noch jetzt unsere Bauerschaften haben? Denn wenn manche Höfe auch vereinzelt und weit von einander liegen, gibt es doch in der Regel in einer Bauerschaft wenigstens eine Gruppe von Häusern, die durch kleinere Zwischenräume, oft nur durch Hofräume von einander getrennt sind. Diese bilden den vicus des Tacitus. Fragten die Römer bei den Deutschen nach dem Namen, so hörten sie in der Antwort thaurp oder thorp oder tharp, das sie mit vicus übersetzten. Zur Beantwortung der Frage aber, ob diese Dörfer, welche die Römer kannten, die nämlichen seien mit denen der Sachsenzeit oder ob die letzteren vielleicht an ganz anderer Stelle lagen,

---

[1]) Vicus locant non in nostrum morem connexis et cohaerentibus aedificiis; suam quisque domum spatio circumdat, sive adversus casus ignis remedium sive inscitia aedificandi. Germ. 16.

nachdem die ersteren verschwunden waren, verdienen vor allem folgende Worte aus cap. 20 der Germania unsere Beachtung: „Erben und Nachfolger eines Jeden sind die eigenen Kinder, und — Niemand macht ein Testament. Sind keine Kinder da, so bilden den nächsten Grad in der Besitzübernahme die Brüder, die Brüder des Vaters, die der Mutter [1])." Da mithin die Erbfolge durch Recht und Herkommen in der Weise bestimmt war, dass Niemand durch Erklärung seines letzten Willens eine Abänderung traf, so hat ohne Zweifel genau so, wie später in der christlichen Zeit — Unteilbarkeit des Bauernerbes bestanden. Ohne diese ist die Entbehrlichkeit eines Testamentes gar nicht denkbar. Denn wenn die Hofesgüter unter mehrere Kinder verteilt worden wären, hätte dann nicht der Mangel eines mündlichen oder schriftlichen Testamentes die grössten Zwistigkeiten und Schwierigkeiten hervorrufen müssen? Es ist demnach unzweifelhaft, dass jedesmal das Ganze eines Hofes von Generation auf Generation überging. Diese Unteilbarkeit der Erbe aber begründete ebenso wie in späterer Zeit den unveränderten Fortbestand der Bauerschaft. Das ganze angebaute Land war unter die zu einem thorp gehörenden Hofbesitzer (Wehrfester) verteilt, und erlitt nirgends Zerstückelung, Zersplitterung oder wesentliche Veränderung seiner Grenzen und Abteilungen. Der nicht angebaute Boden war als Mark den Hofbesitzern gemeinsam und wurde zu Hude und Abholzung nach bestimmtem, herkömmlichen Rechte benutzt. So war die Bauerschaft zur Römerzeit; so bestand sie im Wesentlichen unverändert fort bis zur Zeit Karl's des Grossen und von da das ganze Mittelalter hindurch bis zum Anfang dieses Jahrhunderts. Mit Recht kann man daher behaupten, dass von den jetzigen Bauernerben des Münsterlandes die früheren Besitzer und Bewohner teilgenommen haben an der heldenmütigen Landesverteidigung gegen die Römer. Sie waren es, die den Einfällen des Drusus und Tiberius mutigen

---

[1]) Heredes successoresque sui cuique liberi, et nullum testamentum; si liberi non sunt, proximus gradus in possessione fratres, patrui, avunculi. Germ. 20.

Widerstand entgegenstellten [1]); ihr Volksstamm, die Bructerer, erbeutete in der glorreichen Befreiungsschlacht im Teutoburger Walde den Adler der neunzehnten Legion. Blutig rangen sie gegen überlegene Feldherrn, gegen Germanicus, Stertinius, Cäcina [2]), indem sie die grössten Opfer brachten, ihr eigenes Hab und Gut verbrannten, damit es dem gemeinsamen Feinde keinen Vorteil gewähre, und in ihrem ganzen Gebiete zwischen Ems und Lippe die rücksichtslose Grausamkeit der Römer kennen lernten [3]). Und als in den Tagen ihrer schwer errungenen Freiheit ein benachbartes Volk, die Bataver, das römische Joch kühn abzuschütteln wagte, unterstützten die nämlichen Bructerer diesen edlen Freiheitskampf, hochbegeistert von den Aufmunterungen und Weissagungen ihrer Seherin Veleda [4]). Wie ehrwürdig sind durch diese Waffenthaten unsere Bauerschaften, unsere Bauernhöfe geworden! Oder waren es vielleicht doch nicht die nämlichen Ansiedelungen? Scheinbar verneint das Tacitus.

---

[1]) Vellej. II, 105.
[2]) Tac. ann. I, 60.
[3]) Daselbst.
[4]) Tac. hist. IV, 21, 61, 68, 77, und V, 18, 22, 24.

§. 6.
Ein Einwand aus Tacitus.

Jm 33. Kapitel der Germania nämlich schreibt er: „Neben den Tencterern begegnete man einst den Bructerern. Jetzt, wird erzählt, seien die Chamaver und Angrivarier eingewandert, nachdem die Bructerer vertrieben und durch Zusammenhalten der benachbarten Völkerschaften von Grund aus vernichtet worden, sei nun Hass wegen ihres Hochmutes, sei die Wonne des Beutemachens, sei gewissermassen die Huld der Götter gegen uns Ursache davon gewesen. Denn selbst das Schauspiel einer Schlacht haben sie uns nicht missgönnt. Mehr denn sechszigtausend sind nicht vor den Waffen und Geschossen der Römer, sondern, was glänzender ist, zu ihrer Ergötzung und Augenweide gefallen. Bleiben — das ist mein Wunsch — und dauern möge bei diesen Stämmen, wenn nicht Liebe zu uns, doch Hass wenigstens unter sich; denn da des Reiches Stunde herannaht, kann uns das Glück schon nichts Grösseres mehr gewähren, als der Feinde Zwietracht."

Jst denn nicht durch diese Begebenheit das Münsterland gänzlich umgestaltet? Sind nicht seine Ansiedelungen, seine Höfe, seine Gütercomplexe, seine Bauerschaften ganz andere geworden? Keineswegs; denn der römische Geschichtsschreiber hat nach Ansicht seiner Erklärer das Unglück der Bructerer und dessen Folgen übertrieben. Schon bei einem etwas späteren Schriftsteller, dem Ptolemäus, erscheint dasselbe Volk noch in seinen alten Wohnsitzen, und Plinius der jüngere, gleichfalls später, erwähnt, „dass sein Zeitgenosse Spurinna den König der Bructerer mit Waffengewalt in seine Herrschaft eingesetzt und das wilde Volk gänzlich gebändigt habe [1].“

Gesetzt aber auch, dass die Nahricht des Tacitus der Hauptsache nach wahr sei, dass namentlich die Chamaver in einem Teile des späteren Münsterlandes sich niedergelassen und für das sächsische Hamaland den Namen veranlasst haben, so werden wir uns doch diese Ansiedelung nicht als eine neue Teilung des Bodens, sondern nur als Besitzergreifung bereits bestehender Höfe in bestehenden Bauerschaften zu denken haben. Bauerschaften und Höfe blieben demnach auf derselben Stelle. Sie erhielten sich von Arminius bis auf Karl den Grossen, und von da, wie wir unten zeigen werden, bis auf uns.

Aus diesen wenigen Bemerkungen lässt sich bereits vermuten, dass die münsterländische Bauerschaft ein reichhaltiges Archiv für die Altertumskunde unseres Vaterlandes sein muss, ein Archiv, das dort Aufschluss gibt, wo die Geschichtsquellen versiegen und die Urkunden verstummen. Noch einleuchtender wird dies, wenn wir die Culturentwicklung unseres Landes auch noch in ihren späteren Graden verfolgen.

---

[1]) Epist. II, 7.

§. 7.

Das Kirchdorf — das dritte thorp.

Jn der vorchristlichen Zeit nämlich ging der Fortschritt der gesellschaftlichen Cultur über das altsächsische Dorf, d. i. die Bauerschaft, nicht hinaus. Wie hätten Dörfer im Sinne der römischen, wie Städte entstehen sollen, da sie mit den vorhandenen Grundlagen des Gemeinwesens und mit den Neigungen des Volkes in grellem Widerspruch standen? „Die germanischen Völkerschaften, sagt Tacitus, bewohnen keine Städte; sie dulden nicht einmal mit einander verbundene Wohnungen [1]." Jn dem Bewusstsein der völligsten Unabhängigkeit lag es begründet, dass ihnen der freie Raum um einen jeden Hof eben so unentbehrlich war, wie den Sueven im südlichen Deutschland jener Gürtel unbewohnten Landes, den sie nach Cäsar um ihre Gemeinden zu ziehen pflegten [2]). Sollten Dörfer, wie die römischen, sollten Städte entstehen, so musste die alte eingewurzelte Abneigung des Volkes durch ein neues, stärkeres Bedürfniss überwunden werden. Dies Bedürfniss aber entsprang aus dem Christentum, das für alle über die Bauernhofverfassung hinausgehende Culturentwicklung den ersten Grund gelegt hat. Als nämlich nach der Eroberung Sachsens durch Karl den Grossen und nach der

---

[1]) Germ. 16.
[2]) De bell. gall. 4, 3.

Bekehrung der Bevölkerung zur christlichen Religion auf einer Menge von sächsischen Haupthöfen christliche Gotteshäuser angelegt wurden, in denen die Gläubigen aus einem weiten Umkreise (also nicht aus einer Bauerschaft, sondern aus mehreren) an allen Sonn- und Festtagen zur pflichtmässigen Andacht zusammenkamen, so lag es im Interesse dieser Besucher des Gottesdienstes, dass in der Nähe der Kirchen Häuser angelegt wurden; zur Winterzeit namentlich und bei schlechtem Wetter waren dieselben nicht zu entbehren. So bauten sich denn mit Genehmigung der Hofbesitzer um die Kirchen Schmiede, Zimmerleute, Krämer, Handelsleute an, und zwar häufig wegen des beschränkten Raumes in aneinander stossenden und zusammenhangenden Wohnungen. Dies war nun der dritte Verein der Landesbewohner, — der dritte Trupp. Und wie wurde dieser genannt? Jn lateinischen Urkunden wird er von unseren Vorfahren immer als villa bezeichnet [1]), mit welchem Worte in altdeutschen Glossen aus dem 8., 11. und 12. Jahrhundert das deutsche Dorf oder thorp übersetzt wird [2]). Also auch die um die christliche Kirche angesiedelte Menge hiess ein thorp. Und diese Anstalt, das Kirchdorf, bekam hier zu Lande im Laufe der Zeit den Namen „Dorf" ausschliesslich, ohne Zweifel desshalb, weil es wegen der Zugehörigkeit mehrerer Bauerschaften und wegen seiner Anlage um die Kirche einen höheren Rang einnahm. Alle anderen ehemaligen Dörfer aber, die keine Kirchdörfer geworden waren, bekamen allmählich den Titel „Bauerschaft" (burscepi, burscop), wenn sie auch das Grundwort thorp in ihrem Namen beibehielten. Daher endigen so viele münsterländische Bauerschaften auf dorf oder trup, z. B. Untrup, Delstrup, Sandrup, Gettrup, Brochtrup, Ondrup, Flintrup, Herkentrup, Heckentrup, Schachtrup, Uhlentrup, Wentrup, Pentrup, Füstrup, Hüttrup, Güntrup, Mastrup, Aldrup, Lentrup, Veltrup, Köllentrup, Entrup, Raestrup, Vechtrup, Vadrup, Schmintrup, Holtrup, Isen-

---

[1]) Niesert, Münst. Urkundenbuch II, pag 472, 474, 477, 499, 516.
[2]) Graff V, 224.

dorf, Middendorf, Rüschendorf, Ostendorf, Bockelsdorf, Aulendorf, Eppendorf, Gellendorf, Eschendorf, Natorp u. s. w.

Alle diese Oertlichkeiten sind nach dem Grundwort ihres Namens Dörfer, jedoch nicht nach dem jetzigen Sprachgebrauch. Dem Kirchdorf gegenüber sind sie sämmtlich zu Bauerschaften herabgesunken; jenes allein gilt im Münsterlande als Dorf.

Dieses Dorf aber, das Kirchdorf, hat das Verdienst, die Hemmkette, welche die alte Bauernhofverfassung für den Fortschritt der Cultur bildete, durchbrochen zu haben; in ihm lag der Keim einer neuen Entwicklung, zunächst die Entstehung des Wikbilethes oder Wigbolds. Häufig bildeten nämlich die um die Kirche angesiedelten Einwohner gegenüder den Bauerschaften eine mit bestimmten Rechten versehene und zur Tragung gemeinschaftlicher Lasten verpflichtete Genossenschaft, deren Befugnisse und Verbindlichkeiten nur innerhalb des ihr zugehörigen Raumes galten. Dieser Raum wurde Wikbilethe (später Wigbold) genannt, welches Wort aus dem altsächsischen wik (Wohnung) und bilidhi (Bild) zusammengesetzt ist, mithin Wohnungsbild, Grundriss des bewohnten Raumes, Ortsbezirk bedeutet [1]). Alles, was in diesem Bezirke ansässig war, genoss das Wikbeletsrecht, das in Erhart's Geschichte Münsters (Seite 108) also beschrieben wird: „Das Wikbeletsrecht bezog sich nur auf einen geschlossenen Grundbesitz, dessen Teilhaber dadurch und zu diesem Zwecke in einer gesetzlich anerkannten Genossenschaft standen.

---

[1]) Jn wie auffallende Irrtümer Geschichts- und Altertumsforscher verfallen, wenn sie ohne genügende Kenntniss der altgermanischen Grammatik und Literatur mit der Deutung alter deutscher Wörter und Namen sich befassen, zeigt Sökelands Geschichte der Stadt Coesfeld auf Seite 8, wo wikbilethe erklärt wird. Wik soll wie das lateinische vicus mehrere zusammenhängende oder bei einanderliegende Wohnungen bezeichnen. Und über bilethe heisst es: „Die Endung lethe oder lette ist mit dem Zeitwort sich letten, sich aufhalten, mit dem Worte Leischap oder Letschap und mit den Ortnamen Lette und Legden zu vergleichen." — Was in aller Welt hat doch das alts. bilidhi (Bild), friesisch bilethe, mit einem einzigen jener Wörter zu thun? — Noch misslungenere Erklärungen finden sich bei anderen Geschichtschreibern.

So wie die Wikbeletsgenossen sich gegenseitig den Besitz ihrer Wikbeletsgüter sicherten, so trugen sie auch zu gewissen Lasten gemeinschaftlich bei; daher durfte kein Wikbeletsgut von einem anderen, als einem Wikbeletsgenossen besessen werden, oder ein Fremder, der ein solches Gut erwarb, musste sich wegen desselben zu der Genossenschaft halten, und keine Besitzveränderung durfte ohne Vorwissen und Einwilligung des Vorstandes der Wikbeletsgenossenschaft eintreten. Dieses Wikbeletsrecht sehen wir bei allen Städten des Münsterlandes, und so auch bei Münster selbst, dem wirklichen Stadtrechte vorangehen."

Das Wigbold bildete demnach die zweite Rangstufe unseres Gemeinwesens in christlicher Zeit; die dritte nahm die Stadt 'ein. Diese stammt zwar, was Namen und Bedeutung angeht, aus anderen Gegenden unseres Vaterlandes, hat jedoch auch im Münsterlande seit 1180 zu einem weiten Kreise von Berechtigungen sich emporgerungen. Der grosse Aufschwung aber, den die Cultur des Mittelalters auch bei uns durch das Städtewesen genommen hat, lässt sich an dieser Stelle nicht erörtern; es genügt uns, dargelegt zu haben, wie der ganze Bau dieser Civilisation auf einer vom Christentum geschaffenen Grundlage sich erhebt.

§. 8.

Die Bauerschaften in christlicher Zeit.

Was wurde nun aber, während Kirchdörfer, Wigbolde, Städte zu einer grossartigen Mannigfaltigkeit des Culturlebens sich entfalteten, aus unseren Bauerschaften? Antwort: Sie blieben (und darauf beruht ihre Wichtigkeit für die Altertumskunde) immer die nämlichen. Der Grund davon liegt einerseits in derselben Unteilbarkeit der Bauerngüter, die den Bestand schon von der Römerzeit bis auf Karl den Grossen erhalten hatte, andererseits aber in jener bekannten mittelalterlichen Hörigkeit, von welcher in hiesiger Gegend kein Erbe frei geblieben ist.

Unter welchem Namen nämlich der Bauer auch hörig war, ob als Eigenhöriger, oder als Hofhöriger oder als Erbpächter, er galt in keinem Falle als Eigentümer, sondern immer nur als Erbnutzniesser seines Hofes. Er durfte daher denselben nicht verwüsten, nicht veräussern, ohne Bewilligung des Gutsherrn nicht verpfänden oder mit Hypotheken beschweren [1]. Er war in der Bewirtschaftung überall an das Bestehende, Herkömmliche gewiesen; auch die Holzungen durfte er nicht nach Willkür benutzen. Alle Hecken, Zäune und Gebäude musste er in gutem Zustande erhalten [2]. Es war ihm nicht gestattet, die äussere Gestalt des

---

[1] Welter, das gutsherrlichbäuerliche Verhältnis u. s. w. §. 10, 19, 23, 25.
[2] Welter S. 196.

Bodens umzuwandeln, Weiden zu Wiesen, Buschgrund zu Ackerland zu machen und umgekehrt [1]). Nicht einmal seinen Hofplatz durfte er erweitern oder verengern, noch auch sein Wohnhaus oder ein anderes Gebäude auf eine andere Stelle verlegen. Eine Vereinbarung zu bedeutenden Veränderungen kam zwischen ihm und dem Gutsherrn selten oder gar nicht zu Stande, weil die erforderliche Arbeit weder für den Herrn, der die alten Abgaben nicht einseitig erhöhen durfte [2]), noch für den Hörigen, der fremdes Eigentum bebaute, genug Vorteile in Aussicht stellte.

Dies sind die Ursachen, welche bewirkt haben, dass die Physiognomie der münsterländischen Bauerschaften von den ältesten Zeiten bis zu diesem Jahrhundert im Wesentlichen dieselbe geblieben ist. Selbst die Namen der Höfe, Büsche, Weiden, Aecker, u. s. w. haben häufig keine weiteren Aenderungen erlitten, als diejenigen, welche die Entwicklung der altsächsischen Sprache zum Plattdeutschen mit sich brachte. Wurde ein Hof durch Aussterben der zur Erbfolge berechtigten Familie oder durch Absetzung des Colonen oder in anderer Weise erledigt, so nahm der vom Gutsherrn neu eingesetzte Hörige den alten, hergebrachten Namen des Erbes an, indem er den seinigen aufgab.

Aus dem Gesagten ist leicht zu ersehen, wie reich der Stoff sein muss, den die münsterländischen Bauerschaften für die deutsche Altertumskunde liefern, wenn sie mit hinlänglicher Sprachkunde und anderen unentbehrlichen Vorkenntnissen durchforscht werden. Zwar hat die christliche Zeit in die Benennungen manches lateinische Wort gebracht, wie z. B. Busch (mittellat. buscus), Kamp (campus), Kammer (camera); allein solche Bezeichnungen sind meistens mit Bestimmungswörtern aus heidnischer Zeit zusammengesetzt, so dass an diesen die vorchristliche Bedeutung der Oertlichkeiten leicht erkannt werden kann. So gibt es z. B. Dorsbüske, Dorskämpe, Donnerkammern, die sämmtlich eine dem Thor ehemals geweihte Stätte verrathen.

Im Anfang dieses Jahrhunderts ist aber in den Rechtsver-

---

[1]) Das. S. 107.
[2]) Das. S. 26.

hältnissen unserer Bauernhöfe eine Veränderung vorgegangen, welche eine gänzliche Umgestaltung der münsterländischen Landgemeinden, wenn auch noch nicht verwirklicht, dann doch ermöglicht hat.

In Folge der französischen und darauf der preussischen Gesetzgebung sind nämlich die Bauern freie Eigentümer ihrer Höfe geworden, und von allen aus der Hörigkeit entsprungenen Pflichten, Diensten und Abgaben teils ohne Entschädigung der Gutsherrn, teils durch eine billige Ablöse befreit worden. Nunmehr kann der Landmann mit seinem Erbe nach seiner Willkür umgehen, die Gebäulichkeiten, Gärten, Ländereien, Wiesen, Weiden, Holzungen veräussern, verpachten, verändern, benennen, vererben, wie er will.

Die Folge wird sein, dass in den nächsten zwei Jahrhunderten das Angesicht der münsterländischen Landgemeinden sich mehr umgestalten wird, als früher in tausend Jahren. Sieht man doch jetzt schon hie und da die Höfe zersplittert werden, und zwar die grössten und besten; bemerkt man doch jetzt schon, wie die früheren Gränzwälle und Wallhecken schwinden, wie neue Namen die alten verdrängen, wie der ehemalige Bestand durch die mannigfachsten Veränderungen unkenntlich gemacht wird.

Da mithin die Nachrichten aus alter Zeit, welche dem Boden unseres Landes gleichsam eingeschrieben sind, immer mehr unleserlich werden, so möchte es wohl geraten sein, sie zu erforschen und zusammenzutragen, bevor die Verhältnisse einem solchen Bestreben zu ungünstig sind. Daher hat der Verfasser dieser Schrift sich vorgenommen, zu einer solchen wissenschaftlichen Ausbeutung des Münsterlandes dann und wann Beiträge zu liefern, und zwar solche, welche die heidnische Religion unserer Vorfahren betreffen.

Auch das vorliegende Schriftchen dient diesem Zwecke.

Zweites Kapitel.

Die Bauerschaften und die Götterstätten.

§. 9.
Die Höfe um die Götterstätten.

Der Philologe Karl G. durchschweifte zuweilen in der Ferienzeit die münsterländischen Baumberge und besuchte mit Vorliebe den reizenden Bergkessel, worin das Städtchen Billerbeck liegt. Bei einer solchen Gelegenheit war er mit mir, dem Verfasser dieser Schrift, bekannt geworden, und ich genoss seitdem öfters das Vergnügen seines Besuches. Im Herbste des Jahres 1880 besprachen wir unter Anderem die Gegenstände, welche den Inhalt des vorigen Kapitels bilden. Dieselben erregten seine Aufmerksamkeit, und beim Abschiede gab er mir das Versprechen, dass er in den nächsten Herbstferien wiederkommen und mit mir einige Bauerschaften durchforschen werde. Er hielt Wort. Von dem Dorfe Darup aus meldete er mir seinen Besuch, und als ich mich beeilte, ihn von dort abzuholen, begegnete er mir bereits eine gute Strecke vor dem Dorfe auf der Landstrasse, die von Darup nach Coesfeld führt.

„Ich habe deine Ankunft nicht abwarten können", sagte er; „so sehr sehne ich mich nach euren Büschen und Bergen. So eben komme ich aus dem kleinen Wäldchen, worin die Daruper Kapelle liegt. Man merkt noch keinen Herbst darin. Meisen, Finken, Staare schlüpfen durch die Baumzweige; Rainfarn, Habichtskraut, Baldrian blühen am Boden, und oben durch das grüne Laubdach schaut ein hellblauer Himmel, an dem rothe und goldene Wölkchen schweben gleich Flaggen, die hoch in den Lüften flattern. Der milde Hauch des Südwindes und das heitere Antlitz der Sonne wecken die Wanderlust in meinem Gemüte. Tage lang möchte ich hier umherschweifen.

Ich. Doch wohl nicht, um auf dem Pegasus zu reiten?

Karl. Durchaus nicht; ich weiss sehr wohl, dass das Dichterross keine münsterländische Rasse ist, und dass bei euch in Billerbeck nur die Berkel entspringt, nicht die Hippokrene. Ich werde mich daher hüten, bei euch aufs „hohe Pferd" zu steigen, sondern demütig, wiewohl im Dienste der Klio, eure Bauerschaften durchwandern, um nach deiner Weise Altertumskunde zu treiben.

Ich. Du bist mir sehr willkommen, lieber Freund. Keinem Menschen in der Welt stelle ich mich so gern zur Verfügung, wie dir. Wohin du nur wünschest, werde ich dich begleiten.

Karl. Besten Dank für dein gütiges Anerbieten! Damit du aber siehst, wie sehr mir unsere Wissenschaft am Herzen liegt, erlaube ich mir, von den vielen Fragen, die in der letzten Zeit mein Nachdenken beschäftigt haben, dir sofort eine zur Besprechung vorzulegen.

Ich. Hast du denn schon gefrühstückt, mein Freund?

Karl. So eben in Darup.

Ich. Dann haben wir Zeit zur Unterhaltung; ich lausche also deinen Worten.

Karl. Du weisst, welche Anhänglichkeit unsere Vorfahren an ihre heidnischen Götterstätten hatten. Im Bistum Bremen besuchten sie dieselben noch 240 Jahre nach Einführung des Christentums [1]. Wie eifrig mögen sie gewesen sein in heidnischer Zeit. Hunderte, ja Tausende sammelten sich zuweilen in einem einzigen Heiligtum. Reizte nicht Claudius Civilis das Volk der Bataver in einem Götterhaine zum Aufruhr [2]? Stand nicht bei

---

[1] Adam. Brem. II, 46.
[2] Tac. hist. IV, 16.

Idistavisus ein ganzes Heer in einem dem Thor geweihten Walde ¹)? An den heiligen Stätten wurden Feste gefeiert, grosse Gelage, Volksversammlungen und Beratschlagungen gehalten. Auch die Verwünschung der Feinde und die öffentliche Befragung der Götter fand dort statt, und war mit Gebet und Opfern verbunden ²). Wie ist es nun zu erklären, dass die häufige Benutzung und der zahlreiche Besuch der Götterstätten nicht ebenso neue Ansiedlungen veranlasste, wie es später die christlichen Gotteshäuser thaten? Warum entstanden nicht ebensolche Dörfer und Wigbolde um die Opferplätze, wie nachher um die Kirchen?

Ich. Aus demselben Grunde, weshalb auch nicht immer um eine christliche Kapelle ein Kirchdorf sich bildete.

Karl. Kannst du Beispiele nennen?

Ich. Einige aus nächster Nähe. In Bauerschaft Höpingen in der Gemeinde Darfeld steht seit vielen Jahren eine Kapelle, worin an allen Sonn- und Feiertagen Gottesdienst gehalten wird; desgleichen in Aulendorf in der Gemeinde Billerbeck. Dennoch sind hier keine Kirchdörfer entstanden; beide Orte sind Bauerschaften geblieben.

Karl. Und wie kam das?

Ich. Weil zu diesen Kapellen nur die Bewohner einer einzigen Bauerschaft gehörten. Waren aber mehrere Bauerschaften an ein einziges Gotteshaus gewiesen, so bildete sich auch jedesmal ein Kirchdorf und eine Kirchengemeinde.

Karl. Nun verstehe ich dich. Du willst sagen, dass zu den sächsischen Götterstätten ebenso, wie zu den genannten Kapellen, immer nur eine Bauerschaft gehört habe, und dass desshalb der Andrang der Menschen zu jenen Stätten nicht so zahlreich gewesen sei, dass zu einer neuen Ansiedlung, zu einem Götterdorfe, Veranlassung und Bedürfnis entstand.

Ich. So ist es.

Karl. Dann muss es aber ja ebenso viele Götterstätten gegeben haben, wie Bauerschaften.

---

¹) Tac. ann. II, 12.
²) Simrock Mythologie S. 260.

Ich. Es gab deren noch mehrere. Wenn nämlich eine Bauerschaft aus mehr als sechs oder sieben Höfen bestand, so wurde in der Regel fern von der ersten Cultusstätte noch eine zweite errichtet. Die hiesige Bauerschaft Hamern z. B. zeigt vorn auf dem Hilgenesch die erste Stelle, die den Göttern gewidmet war, die zweite 20 Minuten weiter, dort, wo der Wihdelesesk, der Hemel und Hemelskamp liegen.

Karl. Es wären somit schon in heidnischer Zeit die Münsterländer so fromm gewesen, dass sie in jeder Bauerschaft zum mindestens eine Götterstätte hatten.

Ich. Wenigstens habe ich noch in jeder, die ich untersuchte, eine gefunden. Ich kann dir jedoch noch Wichtigeres darthun. An Beispielen vermag ich zu zeigen, dass **die Bauerschaften eben um die Götterstätten entstanden sind.**

Karl. Du spannst meine Aufmerksamkeit bis auf's höchste.

Ich. Wir sehen z. B. hier vor uns eine Bauerschaft, die ebenso wie ihr Haupthof Gerleve heisst. Diesen Hof möchte ich zu meinem Beweise benutzen.

Karl. Irre ich nicht, so habe ich irgendwo gelesen, dass Gerleve von Gardivelt oder Gerdevelt stamme.

Ich. Und zwar soll es noch um 1534 Gerdefeld geheissen haben [1]).

Karl. Dann hat sich in Billerbeck jedenfalls ein merkwürdiges Wunder ereignet, ein Sprachwunder, wie das berühmte beim babylonischen Turmbau.

Ich. Wie so?

Karl. Beim babylonischen Turmbau sprach der Herr (Mos. I. 11, 7): „Auf! lasst uns herniedersteigen und verwirren allda ihre Sprache, dass Keiner verstehe die Sprache seines Nächsten." — „Und es ward verwirrt die Sprache der ganzen Erde, und der Herr zerstreute sie über alle Lande." Dort also in Babel entwickelte sich die Rede der Menschen nicht mehr in naturnotwendiger Weise, nach allgemein befolgten Laut- und Flexionsgesetzen, sondern übernatürlich durch ein Wunder, ganz abweichend von ge-

---

[1]) Tibus Gründungsgeschichte der Stifter, Pfarrkirchen u. s. w. Seite 735.

setzmässiger Fortbildung. So auch würde es sein, wenn Gerleve aus Gerdefeld sich gebildet hätte.

Ich. Was könnte denn, um mit unserem früheren Lehrer, M. Haupt, zu reden, in rein menschlicher Weise aus Gerdefeld seit 1534 entstanden sein?

Karl. Das weisst du sicher so gut wie ich. Gerdefeld blieb entweder Gerdefeld, oder es fiel das Grundwort feld ab.

Ich. Wie auch thorp, wik, burg, hem, husen zuweilen als zweiter Teil von Zusammensetzungen abgeworfen wurden.

Karl. Und das übriggebliebene gerde nahm dann wahrscheinlich, wie zahllose Familiennamen, z. B. Möllers, Schniders, Schrörs, Schmitz, die Genetivendung an, wurde also Gerdes.

Ich. In der That einen Hof Gerdes gibt es, jedoch nicht in Gerleve, sondern in der benachbarten Bauerschaft Osthellen.

Karl. Der Name dieses Hofes kann in menschlicher Weise aus Gerdeveld entstanden sein, Gerleve aber nur durch ein babylonisches Wunder.

Ich. Woher kommt denn aber Gerleve? Einem Philologen wie dir muss das einleuchten.

Karl. Gerleve ist zusammengesetzt aus zwei Wörtern, die ihrer Natur gemäss im Laufe der Zeit fast gar keine Veränderung erlitten haben, nämlich aus gêr und lêve. Ger (Speer) bezeichnet eine von der deutschen framea wahrscheinlich verschiedene Wurfwaffe, die nicht nur im Heliand (3089), sondern auch im Hochdeutschen vorkommt. Noch Brunhilde im Nibelungenlied hat einen ger von solcher Schwere, dass Siegfried ihn kaum zu werfen vermag. Von Allem aber wurde Odins Spiess gêr genannt [1]). — Lêve aber, das Grundwort in Gerleve, ist das altsächsische lebha. Denn bh im Inlaut geht in v über, z. B. dubha (Taube) wird duve, Nebhal (Nebel) nievel, hobhit (Haupt) hovt, diubhal (Teufel) dūvel. Ebenso wird leve aus lêbha. Im südöstlichen Teile Sachsens jedoch ist leben daraus entstanden [²).

---

[1]) Wolf Beiträge zur Myth. I, 12.

[²) Beispiele sind: Aleslere, Bossenleve, Edisleve, Geresleve, Hamersleve, Hildesleve, Wolmersleve, Beneleba, Gundesleba, Hadisleba, Hettileba, Mimileba, Zutileba, u. s. w. (Siehe Phaler's Altertümer S. 727.)

Was heisst aber lêbha? „Das Uebriggelassene" (Hel. 2866), daher das „Erbe", d. i. der Hof. Was heisst demnach Gerleve? „Speerhof, Speererbe".

Ich. Und gar nichts anderes kann es heissen. Diese Erklärung ist allein sprachwissenschaftlich und sachlich richtig. Mit derselben stimmt genau die Lage des Hofes. Derselbe liegt nämlich in der Nähe des Bonenjägersteines, der in meiner Schrift „über den Bonenjäger" näher beschrieben ist, und ohne Zweifel ein Altar des Odin war, sowie die Stätte, wo er liegt, das sogenannte junge Büschchen, — eine Odinstätte. Nun benannten aber unsere Vorfahren, wie wir bald an anderen Beispielen sehen werden, ihre Höfe gern nach den Symbolen (signis) ihrer Götter, auch nach den Tieren, die den Göttern heilig waren. Das Symbol des Thor war der Hammer, das des Kriegsgottes das Schwert, und das des Odin — der Speer[1]). Dieser berühmte Speer, der in der Edda Gungnir heisst, und von Zwergen, Iwaldes Söhnen, geschmiedet war, verfehlte nie sein Ziel. Wem er vom Gotte geliehen wurde, dem verschaffte er Sieg. Wer von ihm berührt wurde, oder wem er über den Kopf flog, der gehörte dem Odin und war dem Tode geweiht[2]). Nach Wolf (I, 12) ging jener Speer, als die Spiesse aufhörten, Kriegswaffe zu sein, als Stock in die deutsche Märchenwelt über, wo er jeden tödtet, den sein Träger mit ihm berührt. Ja zuletzt sank er zum „Knüppel aus dem Sack" herab.

Nach diesem immer siegreichen Speere nun, dem Symbole Odin's, ist der Haupthof Gerleve bei seinem Entstehen benannt worden. Die nahe Odinstätte veranlasste dazu.

Karl. Warum bei seinem Entstehen?

Ich. Weil der Hof, wenn er bei Anlage der Götterstätte schon einen anderen Namen gehabt hätte, denselben schwerlich mehr nach der Waffe des Gottes umgeändert hätte.

Karl. War denn die Götterstätte älter, als der Haupthof?

Ich. Wenigstens von gleichem Alter.

---

[1]) Hüppe's Ausgabe der Germ. des Tac. S. 21.
[2]) Simrock Mythol. S. 218.

Karl. Und dasselbe lässt sich von anderen Götterstätten in Vergleich mit den nebenliegenden Haupthöfen nachweisen?

Ich. Von manchen lässt es sich darthun; heute und morgen werden wir Beispiele kennen lernen.

Karl. Jetzt geht mir ein erwünschtes Licht auf; ich begreife bereits den Gang der uralten Ansiedlung im Münsterlande. Ein Haupthof ist, wie mit Recht Möser, Kindlinger und Niesert lehren, jedesmal der älteste Hof in einer Bauerschaft. Vor oder mit demselben entstand zugleich die Götterstätte. Der Besitzer des ältesten Hofes (curtis) war der erste, der auf dieser Stätte opferte; daher blieb ihm auch später das Priesteramt. Dann siedelten um den Ort des Cultus sich andere Höfe an; es waren die Unterhöfe (mansus). Nachdem endlich der Raum bei der Götterstätte besetzt, verteilt und angebaut worden, war die Bauerschaft geschlossen.

Ich. Und welche Verfassung sie dann hatte, ist bekannt. Die Hofbesitzer kamen beim Haupthof zusammen, machten dort ihre Willküren (Gesetze), sprachen sich Recht und ordneten ihre Verhältnisse.

Karl. Und wie viele Höfe gehörten gewöhnlich zu einer Götterstätte, mithin zu einer Bauerschaft?

Ich. Sechs bis sieben.

Karl. Aber wie kam es, dass in einigen Bauerschaften z. B. in dem vorher genannten Hamern zwei weit von einander getrennte Cultusplätze lagen?

Ich. Das scheint mir sehr einfach. Eine hinlängliche Menge Höfe lag um die erste Stätte. Man legte nun einen zweiten Göttersitz an. Wenn auch um diesen die Anzahl der Erbe die erforderliche wurde, so entstand eine zweite Bauerschaft neben der ersten; wenn nicht, so blieben die Höfe um die zweite Stätte mit denen um die erste zu einer einzigen Bauerschaft verbunden, die dann viele Erbe und zwei Cultusstätten hatte.

Karl. Das Alles ist lichthell, wie Sonnenschein. Ich möchte nur wünschen, dass es mir durch viele Beispiele bestätigt würde.

Ich. Es wird uns an Beispielen nicht fehlen; verliere nur die Geduld nicht, wenn wir sie aufsuchen.

Karl. Ich? Nimmermehr! Dazu ist mir das Ergebnis zu wichtig. Denn es zeigt mir, dass in unserem norddeutschen Vaterlande nicht nur in christlicher, sondern auch in vorchristlicher Zeit die Religion das einigende Band der menschlichen Gesellschaft gewesen. Sie hat die Familien vor Vereinzelung und Zersplitterung bewahrt; sie hat sie vereinigt um die Götterstätten, wie später das Christentum sie sammelte um die Kirchen. Die heidnische Religion der Deutschen hat die Bauerschaft geschaffen, das Christentum das Kirchdorf; aus dem Kirchdorf ist das Wigbold und die Stadt hervorgegangen. **Alle sociale Vereinigung, alle Cultur ist also uranfänglich erwachsen auf den Saatfeldern der Religion.**

§. 10.
Die Höfe und die Odinstätten.

Während des vorhergehenden Gespräches waren wir zu der Stelle gekommen, wo rechts von der Coesfelder Chaussee die Landstrasse nach Billerbeck abbiegt. Zahllose Schönheiten hatte der Herbst über die Gegend ausgegossen; die Blumen standen wie zu einem Bouquet zusammengestellt am Wege; goldener Sonnenschein umgaukelte Höhen und Büsche; blauer Dampf stieg aus dem Thale wie Weihrauch.

Ich. Meine kranken Füsse, lieber Karl, nötigen mich zu einigem Aufenthalte. Wenn es dir recht ist, wollen wir uns dort am Chausseegraben auf den grünen Rasen niederlassen.

Karl. Du nimmst mir das Wort aus dem Munde; ich wollte dich eben darum bitten.

Ich. Wie anziehend ist diese Gegend, teils durch den Zauber der Natur, teils durch die Spuren der Vergangenheit. Dort vor uns links von der Landstrasse siehst du zwei freundliche Häuser, eine Schmiede und ein Wirtshaus. Zwei bis drei Steinwürfe hinter denselben in dem angrenzenden Walde lag früher der „Bonenjägerstein" mit den Fussstapfen Odins und seiner beiden Wölfe Geri und Freki, ferner mit der Darstellung seines goldenen Trinkbechers und dem Abdruck seines Speeres Gungnir [1]).

---

[1]) Kemper's Bonenjäger S. 9.

Karl. Wie oft und wie andächtig mögen unsere Vorfahren an dieser Stelle gebetet und geopfert haben! Doch bei diesen Erinnerungen lass uns heute nicht verweilen. Ich möchte dir vielmehr einen Wunsch aussprechen, der durch den Namen jenes alten Opfersteines mir ins Gedächtnis gerufen und zum ersten Mal beim Lesen deiner Schrift über den Bonenjäger in mir aufgestiegen ist.

Ich. Und dieser Wunsch ist?

Karl. Dass du doch durch eine grössere Menge von überzeugenden Beispielen mir darthun wolltest, dass Odin in hiesiger Gegend wirklich Boden, Bonen, Bon, Bannen, Baun geheissen habe.

Ich. Dieser dein Wunsch führt uns auf ein Gebiet zurück, das wir vorher schon betreten haben.

Karl. Auf welches?

Ich. Auf die Erörterung solcher Hofesnamen, die von der Nähe der Götterstätten, und zwar diesmal der Odinstätten, herrühren.

Karl. Wie hangen denn solche Namen mit dem Worte Boden zusammen?

Ich. Dadurch, dass die Bauernhöfe, die jene Namen tragen, in der Regel neben Oertlichkeiten liegen, deren Benennung das Grundwort Boden, Bonen, Bon aufweist.

Karl. Zeige den Zusammenhang einmal an einem recht deutlichen Fall.

Ich. Du weisst, dass der Ludgeribrunnen bei Billerbeck auf einer Odinstätte liegt, und dass der Name des Gottes in dem angrenzenden Bodenhook oder Bonhook sich erhalten hat [1]). Unmittelbar hinter dem Bodenhook und dem Brunnen liegt das alte Erbe Wulf, das erst in neuester Zeit unterging. Die Wölfe waren die Lieblingstiere Odin's und diesem heilig. Daher trug der Hof an der Grenze von Bodens Opferstätte den Namen Wulf. Der erste Besitzer bezeugte durch Annahme die-

---

[1]) Bonenjäger S. 28.

ses Namens seine Ehrfurcht gegen das Heiligtum und stellte sich unter den Schutz des Gottes.

Karl. Lag nicht auch ein Haupthof Wulf auf der Berlage in der Nähe des Dorfes Holthausen?

Ich. Auch von diesem gilt das Nämliche; jedoch ist der Beweis mühsamer. Ich übergehe ihn daher, um ein Beispiel vorzubringen, das durch eine mittelalterliche Urkunde bestätigt ist.

Hast du von einem Geschlechte Wolf von Lüdinghausen gehört?

Karl. Von demselben lebten, wenn ich nicht irre, zu Anfang des vierzehnten Jahrhunderts drei Brüder, welche Zwistigkeiten mit ihrem Neffen Hermann von Lüdinghausen und dem Bischof Ludwig von Münster hatten.

Ich. Sie versöhnten sich mit ihrem Neffen durch einen Vergleich, den Niesert in den Beiträgen zu einem Münsterschen Urkundenbuche mitteilt [1]). Demgemäss verzichteten die drei Brüder auf alle Rechtsansprüche an das Haus Lüdinghausen und an die Vorburg desselben — bed an de Bodenbrugge (bis zur Bodenbrücke) Hermann von Lüdinghausen hingegen verzichtete auf alle Ansprüche an den Wolfesberg und an die Vorburg vor dem Wolfesberge.

Was erhellt nun aus dieser Urkunde?

Karl. Dass die drei Wölfe von Lüdinghausen auf ihrem Wolfesberge in der Nähe einer Odinstätte hausten, von der die Bodenbrugge ihren Namen hatte.

Ich. Der einfache Name Wulf oder Wolf ist in hiesiger Gegend seltener, häufig aber eine Zusammensetzung mit Wulf nämlich Lülf. Ist dir dieser Name bekannt?

Karl. Seit Jahren schon; ich glaube ihn mit Sicherheit herleiten zu können.

Ich. Was heisst er denn?

Karl. „Weittönender d. i. berühmter Wolf."

Ich. Also das nämliche, was im Hochdeutschen Ludolf bedeutet.

---

[1]) II. S. 190.

Karl. Die Geschichte des Namens ist folgende:
Wie die hochdeutschen Eigennamen Adolf, Rudolf, Ludolf u. s. w. nach Grimm, Weigand und Anderen durch Zusammensetzung mit dem Grundworte wolf entstanden sind, dessen w im Anlaut abfiel, so sind auch mit dem niederdeutschen wulf nach Abwerfung des w eine Menge von Namen gebildet, z. B. And-ulf, Blec-ulf, Edel-ulf, Eil-ulf, Er-ulf, Es-ulf, Liud-ulf, Mer-ulf, Thiad-ulf [1]). Ebenso Lud-ulf (aus hlud, später lud, und ulf statt wulf). Ludulf aber wurde durch die in älterer Zeit häufige Einschiebung von e (a) zwischen muta und liquida zu Ludeleff, das in Fickers münsterschen Chroniken (S. 273) sich findet. Aus dieser Form ging nun durch die in zahllosen Wörtern vorkommende Ausstossung von de [2]) das gleichfalls in jenen Chroniken bezeugte Luleff hervor (Chron. S. 157). In Luleff endlich wurde das e synkopirt und im siebzehnten Jahrhundert der Umlaut eingeführt [3]); so entstand Lülf.

Ich. Und für dieses Lülf wird vom Volke auch Lürf gesprochen; denn die liquidae r und l werden zuweilen vertauscht;

---

[1]) Heyne altniederdeutsche Eigennamen S. 39.
[2]) Bonenjäger S. 29.
[3]) In den münsterschen Chroniken des Mittelalters kommt noch kein Umlaut von u vor; von der zweiten Hälfte des sechszehnten Jahrhunderts an erscheint er ganz vereinzelt, häufig erst, als die plattdeutsche Sprache nur noch im Munde des Volkes lebte.

Vergleiche:

In den Chroniken:	Jetzt:
Budell (Beutel)	Büel.
Busse (Büchse)	Büsse.
Buthe (Beute)	Büte.
duster (dunkel)	düster.
Duvel (Teufel)	Däwel.
huden (heute)	hüte.
Jurgen (Georg)	Jürgen.
Cruce (Kreuz)	Crütz.
Mugge (Mücke)	Mügge.
nummer (nimmer)	nümmer.
nummes (niemand)	nümms.
Prusen (Preussen)	Prüssen.

für Märtyrer kommt z. B. im Mittelmünsterschen marterer und marteler (Chron. 112) vor.

Karl. Was heisst demnach Lülf oder Lürf? Nichts anderes als hlud-wulf, weittönender, lauter Wolf, d. i., wie es scheint, berühmter Wolf. Hausten denn nun auch diese berühmten Wölfe, die Lülfs, ebenso wie die einfachen Wölfe, neben den Plätzen, die dem Boden, d. i. dem Odin von Haus und Hof, gewidmet waren?

Ich. Genau so; überzeugende Beispiele lehren es. Der Hof Lülf in Bockelsdorf hat z. B. unmittelbar vor dem Wohnhause einen geräumigen Baunenkamp, der seinen Namen sicher nicht von den Bohnen trägt, die vielleicht bisweilen auf ihm gewachsen sind, sondern desshalb, weil er dem Gott Boden oder (mit Assimilation des d) Bonen geheiligt war. Denn das ô in Bonen und Boden gehört, wie im „Bonenjäger" gezeigt ist [1]), der sogenannten U-Reihe der altsächsischen Vokale an und wird daher im Neumünsterschen au. Baunenkamp ist folglich einerlei mit Bonen- und Bodenkamp.

Karl. Aber zeigt das Grundstück auch noch andere Merkmale der Odinstätten, als den blossen Namen?

Ich. Allerdings, noch ein sehr deutliches.

Karl. Und das wäre?

Ich. Eine Kraienbrei, d. h. ein Krähenfeld, das ihm nahe zur Seite liegt.

Karl. Liegen so benannte Felder denn auch bei anderen Odinstätten?

Rugge (Rücken)	Rügge.
sunte (heilig)	sünte.
suss (sonst)	süss.
Suster (Schwester)	Süster.
Tuge (Zeuge)	Tüge.
tusschen (zwischen)	tüsken.
Vunte (Taufe)	Fünte.
Vur (Feuer)	Füer.
wullen (wollen)	wüllen.

[1]) S. 43.

Ich. Du hast ja, wie ich meine, den „Bonenjäger" gelesen; dann musst du doch auf ein's geraten sein.

Karl. Auf die Kraienbrei beim Billerbeck'schen Bonacker.

Ich. Der nicht nur durch seinen Namen, sondern auch durch seine Lage zwischen zwei anderen heidnischen Heiligtümern (Wihgarden und Wihbreide) sich als Odinstätte zu erkennen gibt. Auch der Bonenberg in Bauerschaft Laversum bei Haltern mit seinem Bestimmungswort Bonen (Boden) hat zur Seite sowohl einen Wihhook (Heiligtumsecke), als auch eine Kraienbrei; ferner die Teufelskuhle bei Horstmar eine Kraihiege (Krähengehege), und der Ahlskamp (Heiligtumskamp) in Bauerschaft Osthellen ein Kranenfeld. Kranen ist aus dem nom. plur. von krâia (Krähe) hervorgegangen.

Karl. Die Krähen waren also wie die Raben dem Odin heilige Vögel,

Ich. Wie mit Recht schon Mone bemerkt[1]). Man weissagte aus ihrem Geschrei und ihrem Fluge[2]).

Karl. Der Baunenkamp bei dem Hofe Lülf in Bockelsdorf ist demnach in Wahrheit eine Odinstätte. Jetzt zu den anderen Lülfs.

Ich. Der Hof Lülf in Poppenbeck (Gemeinde Havixbeck) hat genau so wie Lülf in Bockelsdorf einen Baunenkamp vor dem Hause.

Karl. Kommt denn auch bei den Höfen Lülf die verkürzte Form Baun vor?

Ich. Auch diese. Der Hof Lülf in Aulendorf z. B. hat vor der Thüre einen Bauneskesgoren, dessen Name erst in neuester Zeit zu Bäunkesgoren verdorben ist. Hier ist das Wort Bôn (Odin) ebenso zu Baun geworden, wie im Namen Baunecker (Odinfeld) in Bauerschaft Bombeck.

Karl. Nach dem „Bonenjäger" ist die Entwicklung des Wortes diese: Bo-oden (d. i. Odin von Haus und Hof) wurde

---

[1]) Geschichte des Heidentums u. s. w. II, S. 130.
[2]) Simrock Myth. §. 539 (S. 541).

durch Zusammenziehung Boden (mit dem ô der U-Reihe der Vokale), Boden durch Ausstossung von d Bôn und dies durch Zerdehnung des Vokals Baun.

Ich. Das ist richtig.

Karl. Bô heisst aber im Heliand bû. Die älteste Form für Boden muss daher Buden gelautet haben; ist auch diese irgendwo in hiesiger Gegend erhalten?

Ich. Gleichfalls bei einem Hofe Lülf. Derselbe liegt in der Gemeinde Osterwick, nicht weit von dem Dorfe. Eine oder anderthalb Minuten von diesem Hofe stösst man auf den Budenkamp.

Karl. Zweierlei sind mir aus diesen Mitteilungen bereits zweifellos gewiss, nämlich erstens, dass die Namen mancher Höfe von der Nähe der Götterstätten veranlasst sind; zweitens, dass Odin wirklich in hiesiger Gegend Boden, Bonen, Bon, Baunen, Baun geheissen habe.

Ich. Für letzteres könnte ich noch eine Menge anderer Beweise vorbringen.

Karl. Es wird mich freuen, wenn du einige davon andeutest.

Ich. So möchte ich noch erwähnen, dass auch auf den Bonenplätzen christlich benannte Oertlichkeiten oft neben den heidnischen Heiligtümern vorkommen.

Karl. Hatte diese Einrichtung nicht darin ihren Grund, dass man die Wirksamkeit des alten Gottes auf seinen ihm ehemals geweihten Stätten unschädlich machen wollte?

Ich. Wahrscheinlich; oft mag man auch bloss beabsichtigt haben, die heidnischen Erinnerungen zu verwischen. Beispiele gibt es öfter auf Bodens Cultusstätten. So liegt z. B. neben einem Baunenkamp beim Hofe Averbeck auf der Berlage ein Krüzkamp, ebenso in Hellen, desgleichen auf dem Erbe Hartmann bei Amelsbüren neben einem Bonenkamp eine Krüzhiege.

Karl. Verraten nicht die Boden- oder Bonenplätze ihre Bedeutung auch durch ihre Lage neben den Heiligtümern anderer Götter?

Ich. Auch dadurch. Auf dem Erbe Bertling bei Roxel

z. B. liegt der Baunenkamp (jetzt 2 Kämpe) neben einem Busch, der Dorenbek heisst und offenbar nach dem Donnergott (Doner, mit Versetzung der liquidae Doren) benannt ist. Die anderen umherliegenden Grundstücke geben hier über die Verehrung Odins ein unzweideutiges Zeugniss; sie heissen Wulfskamp, Hawkenkamp, Nottkamp. Ausser dem Wolf waren nämlich auch der Habicht und die Haselstaude dem Odin heilig [1]).

Karl. Dann wäre am Ende auch recht, was ich einmal in einer sehr alten Nummer des westfälischen Merkur gelesen habe, nämlich dass der Name des Dorfes Nottuln von der „Haselnuss" herkomme.

Ich. Das ist sprachlich und sachlich richtig. Nuitlon, der altsächsische Name des Dorfes Nottuln bedeutet „die Stelle, wo die Nusslohen sind". Und wo waren diese? Neben dem dortigen Bonenkamp, der Stätte Odin's, dem die Nussstaude heilig war. In der Nähe des Bonenkampes trifft man dort ferner den Buckenkamp, d. h. das Feld für die Böcke, das von den Bockopfern Thors den Namen trägt, endlich zur Seite des Buckenkampes jene berühmte Syther, die in einer mittelalterlichen Urkunde ausdrücklich als heidnischer Götterhain bezeichnet wird [2]).

Karl. Darf ich fragen, ob du den Namen Syther herleiten kannst?

Ich. Er ist ohne Zweifel entstanden aus Siu-tir, d. h. „Ehre des Siu (oder Tiu), des Kriegsgottes [3]).

Karl. Es lag also bei Nottuln wiederum ein Sitz der gesammten altsächsischen Götterdreiheit; die Stätte Bonens (Odins) gab den Anlass zum Namen Nuitlon.

Ich. Wünschest du noch andere Beispiele?

Karl. Gern möchte ich noch eins vernehmen, das nicht aus hiesiger Gemeinde oder aus deren Nähe stammt.

Ich. So nenne ich dir die Stadt Werne im Kreise Lüding-

---

[1]) W. Müller altd. Religion 205. Bechstein Mythe Sage u. s. w. I, 98.
[2]) Pertz mon. II, 377.
[3]) Das hochdeutsche Z im Anlaut ist im Niederdeutschen nicht immer T, sondern zuweilen auch S. Daher entspricht auch Siu dem hochdeutschen Ziu.

hausen. Dort gelangt man durch das städtische Bonenthor in die Bonenstiege und von hier in den Bonenkamp, dem der Buckkamp, das Heiligtum Thors, gegenüberliegt. Der Wihbach (Heiligtumsbach), der vom Göttersitz benannt ist, fliesst durch den Buckkamp, und um den letzteren erstreckt sich die Bauerschaft Schmintrup, deren Name ein „thorp für Schmiede" bedeutet. Die Schmiede standen nämlich unter dem Schutze des Feuergottes, des Thor, der seinen Donnerhammer Miölnir schwang. Sie wohnten überall bei seinen Cultusstätten; ihre Höfe oder Kotten heissen jetzt Schmiding oder abgekürzt Schmink, Schmeding, Schmeing, Schmedhusen, Schmiemann u. s. w. Auch in Werne umgaben sie die Thorstätte, wenn sich auch ihre Ansiedlungen nicht erhalten haben sollten; die Bauerschaft Schmintrup hat von ihnen den Namen. Der Thorstätte aber war auch dort der Bonenkamp, die Odinstätte, benachbart.

Karl. Nun wird mir klar, dass auch bei dem Dorfe Laer, auf dem Hilgenfelde, das du in deinem Bonenjäger als ehemaliges heidnisches Heiligtum dargestellt hast, mehrere Götterstätten zusammengelegen haben. Vor vierzehn Tagen habe ich nämlich das Dorf besucht und bin von dort nach Münster gefahren. Auf dem Hilgenfelde fand ich ganz in der Nähe der früheren Ewaldi-Kapelle einen alten Kotten Schmedding und an einer anderen Stelle desselben Feldes einen alten Kotten Lülf.

Ich. Daraus ergibt sich, dass die Ewaldi-Kapelle auf einer Thorstätte liegt; dort hingegen, wo der weittönende Wolf, der Lülf, wohnt, befand sich die Odinstätte.

Karl. Nunmehr betrachte ich den Namen Bonen für Odin als erwiesen, und da er auch Boden, Bon, Baunen und Baun lauten, so lässt er gar keine andere Erklärung zu, als diejenige, welche du in deinem Bonenjäger entwickelt hast. Ist aber diese richtig, so müssen auch wohl die Namen Woden und Guden so aufgefasst werden, wie du dort gethan hast.

§. 11.

Die Höfe und die Cultusstätten des Kriegsgottes.

Wir sassen noch immer auf dem grünen Rasen am Chausseegraben. Die Sonne war hoch emporgestiegen. Ihre warmen Strahlen schienen eine allgemeine Stille zu verbreiten; tiefer Friede lag auf dem nahen Walde, dem Roruper Holz. Die Arbeiter auf den Aeckern sammelten sich zu kleinen Gruppen, um zu rasten und ihr Frühstück zu geniessen.

Ich. Nicht nur an der Sonne, sondern auch an den Landleuten bemerke ich, dass es gegen zehn Uhr sein muss; wir müssen aufbrechen, wenn wir um Mittag zu Hause sein, und doch unterwegs uns noch etwas aufhalten wollen.

Karl. Dann möchte ich bitten, dass du beim Weitergehen mir etwas über Höfe mitteilest, die bei Heiligtümern des Kriegsgottes liegen und ihnen ihren Namen verdanken.

Ich. Darnach werden wir nicht lange zu suchen brauchen. Denke doch nur an Billerbeck; wie erklärst du diesen Namen?

Karl. Wenn man euer städtisches Wappen, welches drei Bäche zeigt, in Anschlag bringen muss, so wäre das Grundwort beck der nom. plur. des altdeutschen Dingwortes bac (Bach). Allein dieses Wort kommt weder im Heliand, noch in einer anderen altsächsischen Quelle vor, sondern bloss einmal in der altniederfränkischen Psalmenübersetzung, in welcher es wahrscheinlich dem Hochdeutschen entnommen ist. In hiesiger Gegend aber und in ganz Altsachsen haben die Ortsnamen, welche mit „Bach" zusammengesetzt sind, für diesen Begriff das Wort beki oder biki. z. B. Borathbeki, Forkonbeki, Gladbeki, Reinbeki, Tilbeki u. s. w. ferner Hamor-biki (Dat. Hamorbikia) Lembiki, Edbelbiki, Popponbiki, Merschbiki u. s. w.[1]). Ebenso hat auch die älteste Namensform Billerbecks, die Billurbeki heisst[2]), unverkennbar den Singular beki zum Grundwort. Der Ort ist mithin nur von einem einzigen Bache benannt. Woher denn die drei Bäche im Wappen?

Ich. Darüber kann ich Aufschluss geben. Zur Zeit, wo Billerbek Stadtrecht erhielt und eines Wappens bedurfte, leitete man den Namen, wie so viele andere, aus dem damaligen Plattdeutschen ab, und zwar von By-dre-beke (bei drei Bächen). Von der Richtigkeit dieser Etymologie war man so überzeugt, dass man ihr zu Liebe sogar ein unorganisches d in den Namen einschob. Um diesen nämlich mit By-dre-beke in etwas mehr Uebereinstimmung zu bringen, schob man in Bilrebeke das fehlende d, das man als früher vorhanden sich dachte, frischweg ein. Daher kommt seit jener Zeit oft die Form Bildrebeke und Bilderbeke vor.

Karl. „Bei drei Bächen" würde altsächsisch by-thrim-becjun heissen, woraus keine der Namensformen Billerbecks hervorgehen kann.

Ich. Der Ort hat, wie du richtig dargethan, nur von einem einzigen Bach seinen Namen, und da dieser Name zuerst von dem Bach auf den Haupthof, den jetzigen Richthof, von diesem auf das Kirchdorf, das Wigbold und die Stadt übergegangen ist, so muss in der Nähe des Richthofes der ehemalige Billurbach gesucht werden. Nun liegt aber der Richthof an dem Zusammenfluss dreier Bäche, von denen der eine die Berkel ist; wer von den dreien ist nun der Billurbach?

---

[1]) Heyne's alts. Eigennamen S. 35.
[2]) Das. S. 5.

Karl. Das wird sich wohl erst ermitteln lassen, wenn das Grundwort des Namens, also billur, erklärt ist.

Ich. Dies Wort lässt nach meiner Ueberzeugung nur eine einzige Ableitung zu, nämlich die von dem altsächsischen Neutrum bil.

Karl. Das keinenfalls einerlei ist mit dem hochdeutschen bil (Beil); denn dies hat langes i, während bil in Billerbeck kurzes hat.

Ich. Bil mit kurzem i heisst im Heliand „Schwert". Dort z. B., wo von dem Hieb des Petrus gegen den Malchus Rede ist (v. 4874), heisst es: — ak he is bil atoh, swerd bi sidu (aber er zog sein Schwert heraus, Schwert an der Seite), und einige Verse weiter (4882): — Tho stod folk an rum, andredun im thes billes biti. (Da stand das Volk in Entfernung, sie scheuten sich vor des Schwertes Biss.)

Karl. Lassen sich denn aus diesem Neutrum die sämmtlichen Laute in billur mit Sicherheit herleiten?

Ich. In einer Weise, dass keinem Zweifel Raum bleibt. Da nämlich das Wort einsilbig ist und kurzen Vokal hat, so gehört es zu jenen wenigen sächlichen Dingwörtern der sogenannten Deklination in A, die im nom. und acc. plur. die Endung u haben. Z. B. bac (Rücken), nom. plur. bacu. Ebenso bil, nom. pl. billu. Das doppelte l zeigt sich schon im obigen Gen. billes.

Karl. Die ursprüngliche und erste Namensform Billerbecks wäre also Billubeci (Schwerterbach). Ist denn diese auch aus schriftlichen Quellen nachweisbar?

Ich. Durchaus nicht; jedoch lässt sich aus ihr die weitere sprachliche Entwicklung des Wortes leicht bestimmen. In der Zeit nämlich, aus welcher diejenigen schriftlichen Quellen stammen, in denen der Name Billerbeck zuerst vorkommt[1]), zeigt die münsterländische Sprache bereits die Einführung des Suffixes er (ir) vor den Pluralendungen der Neutra der A-Deklination. Die Freckenhorster Heberolle bildet z. B. den gen. plur.

---

[1]) Die Werdenschen Register und Altfrids vita Sti Ludgeri.

honero (Hühner) von hon, und eicro (Eier) von ei [1]). Und da neben diesen Formen die ursprünglichen Genitive hono und eio gar nicht mehr vorkommen, so muss jene Einschiebung von er schon wohl vor Abfassung der Rolle gebräuchlich gewesen sein. So ist denn auch bei dem Neutrum bil (Schwert) jenes Suffix vor die Pluralendungen getreten; dadurch entstand der nom. plur. billeru. Und wie in der Freckenhorster Heberolle statt eiero auch eiro steht [2]), so wurde billeru durch dieselbe Synkope von e zu bilru, welches, da die Kürze des i durch zwei Consonanten gesichert war, nur mit einfachem l geschrieben wurde.

Karl. Demnach war die zweite Form des Namens Billerbeck Bilrubeki (Schwerterbach); findet sich denn diese in den schriftlichen Quellen?

Ich. Nicht in den altsächsischen, wohl aber in den mittelmünsterschen. Denn in diesen heisst der Ort in der Regel Bilrebeke, welches durch Schwächung der beiden Endungen u und i aus Bilrubeki hervorgegangen ist.

Karl. Lautet denn nicht der Name in den altsächsischen Quellen Billurbeki, woraus das jetzige „Billerbeck" sich bildete? Woher denn diese Form?

Ich. Gleichfalls aus Bilrubeki, und zwar durch Metathesis (Versetzung) des r; denn sowohl im Altsächsischen als im Mittelmünsterschen wird r, wenn es bei kurzem Vokal steht, bald vor denselben, bald nach ihm gesetzt.

Karl. Jedoch immer zu einem bestimmten Zwecke. Vergleiche nur hers statt hros (Pferd), verscanga (Frischlinge) statt vrescanga, Sunnoburnon statt Sunnobrunnon, und im Mittelmünsterschen bernen für brennen, dertig für das altsächs. thritig (dreissig), borst (Brust) für briost, Kersten (Christen) für Kresten u. s. w. In allen diesen und anderen Fällen hat die Versetzung des r den Zweck, gewisse geläufige Lautverbindungen zu schaffen, nämlich rt oder rs oder rn. In Billurbeki aber (statt Bilrubeki) zeigt sich dieser Grund nicht; wesshalb denn hier die Metathesis?

---

[1]) Fr. Heb. 7, 122, 225, 360, 425.
[2]) Z. B. 124 ende tue muddi eiro; ebenso 361 und 425.

Ich. Die Metathesis schafft nicht bloss Lautverbindungen; sie dient auch dazu, solche aufzulösen. Für das altsächsische thurbhan (dürfen) steht z. B. das mittelmünstersche droven; statt forthan (fürchten) kommt in den altniederdeutschen Psalmen frothan vor [1]); aus dem altsächsischen thorp ist in vielen Ortsnamen trup geworden. Alles dieses ist **Auflösung von Lautverbindungen** zur Erleichterung des Sprechens. Nun kann es aber für das Hauptorgan der flüssigen Buchstaben, für die Zunge, kaum einen unbequemeren Uebergang geben, als ihn die Verbindung lr verlangt. Richtiges Lautieren überzeugt davon. Zur Vermeidung dieser Härte hat die münsterländische Mundart bilru durch Metathesis von r in billur umgewandelt, welches, um die Kürze des i zu schützen, wieder das l verdoppelte.

Karl. Es freut mich, dass wir alle diese Lautveränderungen so ausführlich besprochen haben; denn Niemand darf hoffen, einen alten Namen richtig zu erklären, wenn er nicht jeden Laut desselben aus Wurzel oder Stamm nach den Gesetzen der Grammatik und Phonetik herzuleiten vermag. Für mich aber steht es fest, dass sowohl billur als bilru nichts anderes sein können, als nom. plur. von bil.

Ich. Dann kann also Bilrubeki und Billurbeki nichts anderes heissen als „Schwerterbach".

Karl. Nunmehr aber haben wir uns nach der sachlichen Erklärung umzusehen; ich bin gespannt darauf, ob sie ebenso zuverlässig ist, wie die etymologische.

Ich. Sie passt zu derselben, wie das eine Auge zum anderen? — Du weisst, dass an der Westseite der Stadt Billerbeck drei Alstedden (d. h. Heiligtumsstätten) liegen, die grosse oder hinterste, die mittlere und die vorderste.

Karl. Es sind dieselben, welche in deiner Schrift über „den Bonenjäger" besprochen werden [2]). Dort aber schreibst du von der hintersten, dass sie ehemals dem Thor geweihet war. Die Gründe für diese Meinung möchte ich hören.

---

[1]) Heyne kurze Laut- und Flexionslehre S. 112.
[2]) §. 2 u. §. 4.

Ich. Es sind folgende drei:

1) Die hinterste Alstedde heisst die grosse, wiewohl sie dem Raume nach nicht die grösste ist. Es kann also für jenes Attribut wohl kaum einen anderen Grund geben, als das Ansehen des dort ehemals verehrten Gottes; Thor aber galt als der grösste in der sächsischen Götterdreiheit [1]).

2) An dieser Alstedde liegt ferner der alte Kotten Schmink, und dieser Name kennzeichnet, wenn er bei Götterstätten vorkommt, den Sitz Thors (s. oben in §. 10).

3) Der hiesige Aberglaube wusste früher und weiss noch jetzt von einem Gespenst auf der grossen Alstedde zu erzählen, nämlich von einem schwarzen Bock, der dort umgeht und die Menschen schreckt. Dieses Gespenst aber ist überall, wohin es in hiesiger Gegend vom Aberglauben versetzt wird, ein characteristisches Merkmal der Cultusstätten des Donnergottes; wir werden später Gelegenheit haben, darauf zurükzukommen.

Dies sind die Umstände, welche die dem Thor gewidmete Alstedde deutlich genug verraten.

Karl. Was aber die zweite Alstedde, die mittlere angeht, so überzeugt die Schrift über den Bonenjäger, dass jene dem Odin geweiht war. Einleuchtend wird mir dies noch mehr, wenn ich deine vorigen Erörterungen in Vergleich bringe.

Ich. Und wem musste denn endlich die dritte Alstedde, die vorderste oder die kleine, geweiht sein?

Karl. Offenbar dem letzten in der altsächsischen Götterdreiheit, dem Kriegsgotte Tiu oder Siu oder Saxnote.

Ich. Und was war das Symbol dieses Gottes?

Karl. Das Schwert, wie der Speer das Symbol des Odin war [2]).

Ich. Und da unsere Vorfahren ein zweischneidiges Schwert trugen, so hat der Name desselben nicht selten Pluralform, z. B. Heliand 3090: „eggiun scarpun" (instrum. plur.) d. i. mit scharfem Schwerte. Ebenso bilru in Bilrubeke. Es steht mithin Schwerterbach für Schwertbach.

---

[1]) Adam. Brem. IV, 26.
[2]) Simrock. Mythol. §. 87.

Karl. Nunmehr kann ich mir bereits das Weitere denken. Jener Schwerterbach oder Schwertbach fliesst über die dem Kriegsgott geweihte vorderste Alstedde, und ist daher nach dem Symbol dieses Gottes, nach dem Schwerte, benannt worden.

Ich. So verhält es sich. Und da der Schwertbach, der Billurbeki, sobald er von der Alstedde gekommen, an dem Haupthofe oder Richthofe vorbeifliesst, so ist sein Name auf diesen übergegangen. Der Augenschein überzeugt uns davon. Der Besitzer des Haupthofes Billerbeck nämlich war der Priester auf den drei Alstedden [1]). Die vorderste derselben, die Cultusstätte Saxnotes, erstreckte sich bis nahe an seinen Hof. Diese Alstedde aber ist umsäumt von einem jetzt sehr schmal und seicht gewordenen Bache, der nicht weit von dem Hofe aus einer Quelle Zufluss erhält. Quelle und Bach, in einander fliessend, sind ohne Zweifel bei den Tieropfern gebraucht, die nach Tacitus [2]) dem Kriegsgotte dargebracht wurden; denn auf der vorderen Alstedde gab es kein anderes Wasser. Sie waren also dem Dienste Saxnotes gewidmet, und der Bach nach dem Symbol desselben, dem Schwerte, benannt. Letzterer fliesst nach Aufnahme des Quellwassers an dem Richthofe der Länge nach vorüber, und ist der westlichste der drei dort sich vereinigenden Bäche. Ohne Zweifel ist er der Billurbeki. Von ihm empfing der Haupthof den Namen, und von diesem das Dorf, das Wigbold und darauf die Stadt Billerbeck.

Karl. Ich gratuliere dir zu dieser Entdeckung, und würde es nicht missbilligen, wenn du dir etwas darauf zu gute thätest. Noch mehr aber mag dein merkwürdiger Geburtsort sich der Ehre freuen, von dem Symbol des alten deutschen Kriegsgottes seinen Namen zu tragen.

Ich. Diese Ehre hat er aber mit manchen andern Höfen und Oertlichkeiten gemein, z. B. mit Hof und Bauerschaft Bilk (aus bil und ik) bei Wetteringen, wo noch bis in die neueste Zeit das dem Kriegsgott heilige Spiel, der Schwerttanz, sich er-

---

[1]) S. Bonenjäger S. 27.
[2]) Herculem ac Martem concessis animalibus placant Germ. 9.

halten hat. Derselbe wurde immer am Fastnachtsdienstag auf dem Hofe Eissing aufgeführt.

Karl. Ich habe isgendwo gelesen, dass bei Albertshofen, nicht weit von Kitzingen in Franken, eine Bilseiche stehe, und dass der Sage nach dort ein heidnischer Opferplatz gewesen sei. Auch im Rhöngebirge liegt ein Gehöfte Bilstein, eine Stadt Bilstein in Westfalen, ein Schloss Bilstein im Würtenbergischen, und das Sachsen-Meiningen'sche Dorf Belricth hiess um 933 Bilrioth [1]). Sollten vielleicht alle diese Benennungen vom Symbol des Ziu oder Tiu herrühren?

Ich. Das wird mir wahrscheinlich, wenn ich bedenke, dass bil (Schwert) auch in anderen altdeutschen Dialekten vorkommt.

Karl. Im Altsächsischen gibt es aber noch andere Wörter für Schwert, als bil, z. B. das oben erwähnte eggia. Findet sich auch dieses in den Hofes- und Ortsnamen?

Ich. Ein merkwürdiges Beispiel kann ich dir nennen. Es ist Eggenrode, Dorf und Schulzenhof bei Schöppingen. Das Grundwort rode ist Dat. Sing. von Rod oder Roth (Neubruch) und das Bestimmungswort Eggen ist Dat. Plur. von eggia. Der Name bezeichnet demnach „die Stelle, wo der Neubruch für das Schwert (die Schwerter) liegt.

Karl. Also eine Cultusstätte Saxnote's.

Ich. Und was stösst unmittelbar an die Ländereien des Schulzenhofes? Der Eggenroder „Tie", der seinen Namen vom Kriegsgott Tiu hat.

Karl. Aber Wilhelm Grimm schreibt irgendwo, wie ich mich erinnere, dass Tie den Versammlungsort des Volkes bedeute.

Ich. Das kann sicher für das Münsterland nicht gelten, denn hier liegen die Plätze, wo die Einwohner zusammenkamen, z. B. die Woord, oft neben dem Tie, sind also nicht der Tie. Letzterer ist vielmehr das Heiligtum Tius, wie sich durch Beispiele darthun lässt [2]).

Karl. So zeigt sich denn, wie mir scheint, in Eggenrode

---

[1]) Bechstein: Sage, Mythe u. s. w. I, S. 62.
[2]) Vergl. Bonenjäger 34.

der ganze Hergang der ursprünglichen Ansiedlung. Zuerst wurde Wald ausgerodet, ein Neubruch (roth) gemacht, und zwar zunächst nicht für einen Wehrfester, sondern für „das Schwert (eggion)" d. h. für den Kriegsgott; darauf wurde diesem der Tie gegründet, zugleich aber neben dem Eggionrothe ein Haupthof gleichen Namens angelegt. — Aehnlich gründete man bei Billerbeck zuerst die drei Alstedden und zwar die des Saxnote an dem Bilrubeki (Sehwertbach), gleichzeitig oder etwas später den Haupthof Bilrubeki, darauf das Dorf, dann das Wigbold, endlich die Stadt Billerbeck.

Drittes Kapitel.

Bauerschaft Alstedde,
ein topographisches Palimpsest.

§. 12.
Der Name Alstedde.

Wir hatten während unseres Gespräches die Anhöhe überschritten, welche den Billerbeck'schen Bergkessel an der Südseite abschliesst. Senkung und Hebung folgten sich auf der Landstrasse wie Meereswellen. Bald standen wir auf dem Boden der Bauerschaft Alstedde, rings umgeben von Büschen, Aeckern, Weiden und zwischen Bäumen verborgenen freundlichen Häusern. Ich machte Karl aufmerksam auf den Namen der Bauerschaft und fügte hinzu, dass diese uns reichen Stoff für unsere Untersuchungen biete.

„Ist dies, fragte er, dieselbe Bauerschaft, von der du im „Bonenjäger" behauptest, dass sie die Einrichtungen eines alten Götterhaines noch jetzt deutlicher erkennen lasse, als vielleicht irgend ein anderer Ort in Deutschland?

Ich. Es ist diese Bauerschaft.

Karl. Dann möchte ich dich vor aller weiteren Erörterung an einen merkwürdigen Fund erinnern, den ein westfälischer Altertumsforscher in Betreff des Namens Alstedde gemacht hat.

Ich. Erzähle, lieber Freund.

Karl. Der Oberlehrer Fr. Hülsenbeck hat ein Buch geschrieben über das römische Kastell **Aliso**. Mit Unterstützung des Königl. Preuss. Ministeriums der Unterrichts- u. s. w. Angelegenheiten und mit Beihülfe des Herrn Wollmann, Directors der städtischen Gasanstalt zu Charlottenburg, hat er die Orte untersucht, wo er nach dem Kastell Aliso forschen zu müssen glaubte.

Ich. Und was ist das Ergebniss gewesen?

Karl. „Aliso", heisst es (S. 61), „kann nur auf der Strecke von Werne bis zur Mündung der Lippe und zwar an diesem Flusse gelegen haben". „Mustert man nun", sagt er weiter, „die bezeichnete Strecke, so findet sich ungefähr eine halbe Stunde westlich von Lünen am rechten Ufer der Lippe eine Bauerschaft **Alstedde**, welcher Name, wie kein anderer an der ganzen Lippe, auf Aliso deutet. — Wie aus Reginum Regensburg, aus Augusta Vindelicorum Augsburg, aus Celeusum Kelheim, so kann aus Aliso ganz analog Alstedde entstanden sein".

Ich. Wenn nicht das Sprachgesetz bestände vom Umlaut des kurzen a, dem in nächster Silbe ein i folgt, ein Gesetz, das meistens schon im Heliand, immer aber im späteren Niederdeutschen herrscht. Doch auch abgesehen von jeglichem philologischen Einwand, hat der Name Aliso nichts mit Alstedde zu thun; denn der Alstedden gibt es viele, aber nur ein einziges Aliso.

Karl. Elf Alstedden sind in deinem „Bonenjäger" angeführt, welche sämmtlich im Münsterlande oder in dessen Nähe liegen. Kommt der Name auch ausserhalb Westfalens vor?

Ich. Denke doch nur an die goldene Au, wo die ehemalige Königspfalz Alstedde lag [1]. Ausserdem sind Ahlstedt bei Schleusingen, Alst bei Breyell im Kreise Kempen, Alstetten bei Frechen im Landkreise Cöln, auch Alstaden bei Oberhausen (mit Grundwort stad für stedi) — ebenderselbe Name mit den münsterländischen Alstedden.

Karl. Es müssten also die Römer allerorten in Norddeutschland Alisos angelegt haben, wenn der Name Alstedde sich durch Zusammensetzung mit Aliso gebildet hätte.

Ich. Dir, dem Philologen der altgermanischen Dialekte,

---

[1] Bechstein a. a. O. 1, 80. Vergl. Münster. Geschichtsquellen III, 294.

kann es, denke ich, nicht zweifelhaft sein, wie das Wort herzuleiten sei.

Karl. Es ist, wie du richtig im „Bonenjäger" nachweisest, eine Zusammensetzung aus alah und stedi und bedeutet „Heiligtumsstätte". Mir will es aber scheinen, dass dies Compositum schon damals sich bildete, als in alah das a zwischen muta und liquida noch nicht eingeschoben war, das Wort mithin noch wie im Gothischen alh lautete. Jetzt fiel das h in der Zusammensetzung ab, wie in na-bur und ho-getid, und so entstand al-stedi.

Ich. Dem trete ich ohne Bedenken bei. Mit jener Bedeutung von Alstedde stimmt nun auch, dass das Wort nicht bloss Dörfer und Bauerschaften, sondern oft viel geringere Gebiete, kleine Complexe von Grundstücken benennt, wie z. B. die drei Alstedden an der Westseite von Billerbeck, ferner die Alstedde zwischen Wolbeck und Angelmodde, die dem Herrn Franz v. Olfers gehört.

Karl. Es kann gar keinem Zweifel unterliegen, dass alle diese Plätze Götterstätten unserer heidnischen Vorfahren waren.

Ich. Die hiesige Bauerschaft Alstedde mag es uns beweisen; gehen wir nunmehr an die Untersuchung derselben.

§. 13.

Die Höfe in Alstedde.

Ich. Dort sehe ich einen alten Landmann vom Acker kommen, welchen ich kenne. Ich werde ihn herbeirufen. Er wird uns über Manches, das wir zu wissen wünschen, Auskunft geben können.

Der Landmann kam und war, wie man hier gewohnt ist, sehr freundlich. Nach gegenseitiger Begrüssung fragte Karl: „Wie viel Höfe gibt es wohl hier in der Bauerschaft Alstedde?

Landmann. Sie meinen doch Bauernhöfe, die man auch wohl Kolonate nennt?

Karl. Solche, wie sich in anderen Bauerschaften in der Regel fünf bis acht finden.

Landmann. In Bauerschaft Alstedde gibt es nur einen einzigen Bauernhof; er heisst Mensing; ausserdem das adelige Haus Hamern und nahe bei Billerbeck noch die Collenburg, die früher auch ein adeliges Haus war.

Karl. Aber was sind denn das für schöne Häuser, die ich hier ringsum auf der Höhe sehe? Die kommen ja in ihrem Aeussern den grössten Bauernhöfen gleich.

Landmann. Sie haben auch ebenso viel Grund und Boden wie Bauernerbe; dennoch sind sie nur Kotten.

Karl. Ich möchte wohl ihre Namen hören.

Landmann. Sie heissen Koch, Schulte, Weitkamp, Nienkemper; früher lag auch noch Claes da.

Karl. Das sind ja Namen, die von denen der Bauernhöfe gänzlich abweichen. Und es sind diese Leute mit ihren schönen Häusern und ihrem grossen Grundbesitz nur Kötter?

Landmann. Man nennt sie auch wohl Pferdekötter.

Karl Nun erkenne ich bereits etwas über die Geschichte der Alstedde. Alle jene Ansiedlungen verraten schon durch ihre Namen, dass sie nicht in heidnischer Zeit entstanden sind. Daher sind sie auch keine Höfe, keine Wehrfestergüter, was sie doch ebensowohl wie die anderen Bauerngüter, sein würden, wenn sie ein vorchristliches thorp gebildet hätten.

Ich. Sie sind ohne Zweifel erst angelegt, als die Alstedde bereits ihren anfänglichen Charakter verloren hatte, als sie, wie man zu sagen pflegt, secularisirt war. Selbst von dem einzigen Kolonat, dem Hofe Mensing, ist es mir sehr wahrscheinlich, dass es erst in christlicher Zeit angelegt ist. Sein Name scheint mit der Endung ink von der Stammsilbe in mansus (Unterhof) gebildet zu sein.

Karl. Dies ist wenigstens die einfachste und regelrichtigste Erklärung. Aber was ist von den beiden adeligen Burgen zu sagen.

Ich. Von der einen, nahe bei Billerbeck gelegenen, von der Collenburg, gibt es eine bestimmte geschichtliche Nachricht in einer Lebensbeschreibung des Bischofs Otto IV. von Münster (1392—1424): „By synen tyden verstorven ock olde geschlechte un namen der rydderscop, als de van Kolven, de myt konynck Karle in dyt lant weren gekomen un woneden to Bylderbecke up ener wonynge, dat na der tyt Wostes hus hette, (Chron. S. 183.)

Karl. Das scheint die Familie zu sein, von der die Collenburg den Namen hat. Aber was weisst du vom Hause Hamern, das noch jetzt von einem adeligen Herrn bewohnt wird?

Ich. Das ist ohne Zweifel zuerst angelegt von einem Herrn von Hameren. Die Nachkommen desselben blieben Besitzer bis zur Mitte des fünfzehnten Jahrhunderts; nach ihnen folgte Dietrich von der Horst, dann Goswin von Raesfeld, der 1493 die Kapelle hinter dem Schlosse bauete. Dieser Familie gehört der münstersche Bischof Bernhard von Raesfeld an, der in Burg Hamern geboren wurde. Darauf folgten die Freiherrn von Kolf; endlich kam das Gut an den Freiherrn Carl von Merode, den letzten Spross der deutschen Linie dieser Adelsfamilie; von der Witwe desselben, gebornen Mathilde von Twickel, erbte es der jetzige Besitzer, Freiherr August von Twickel.

§. 14.

Der Siegenpad.

Landmann. Wie berühmte und vornehme Herrn auch auf Hamern gewohnt haben mögen, es ist dort nicht immer so glänzend gewesen, wie es jetzt ist.

Ich. Woraus schliessen Sie das?

Landmann. Aus einer alten Sage, die ich von meinen Grosseltern gehört habe.

Karl. Eine alte Sage? Erzählen Sie doch, ich bitte Sie.

Landmann. Der Weg, auf dem wir gehen, heisst der Siegenpad (Ziegenpfad). Davon hat mir mein Grossvater erzählt, dass das Haus Hamern von Alters her das Recht habe, seine Ziegen auf diesem Wege nach dem jungen Büschchen in Gerleve zu treiben. Kein Anwohner hätte den Weg zubauen oder verschliessen dürfen wegen der Berechtigung des Hauses Hamern. Damit stimmt, dass unten an diesem Wege links von der Landstrasse in der Nähe des Hauses Hamern ein Grundstück liegt, das Siegenstallsgoren (Ziegenstallsgarten) heisst. Ziegen sind also auf Hamern früher gehalten worden.

Karl. Und Sie meinen, dass dies ein Zeichen geringen Wohlstandes sei.

Landmann. Allerdings. Ich diente in meiner Jugend mit mehreren anderen jungen Leuten auf einem grossen Gute in der Nähe einer Stadt, worin viele Beamte waren. Die meisten der letzteren hielten eine Ziege, weil diese für ihren kleinen Haushalt genügte. Wir jungen Leute nannten desshalb die Ziegen — die **Beamtenkühe**.

Karl lacht laut auf.

Landmann. Wenn Ihnen das Spass macht, will ich Ihnen noch Drolligeres erzählen. Einer der anderen Knechte fragte mich einmal, ob ich auch wohl wüsste, wer der erste Apotheker gewesen sei. Ich wusste es nicht; da sprach er: „Die Ziege, denn sie hat zuerst Kräuter gesammelt und Pillen gedreht".

Karl kann vor Lachen nicht antworten.

Ich (zu dem Landmann). Sie haben ganz Recht. Solche Beamtenkühe und Urapotheker würden, wenn sie in neuerer Zeit auf Hamern gezüchtet wären, kein günstiges Zeugniss ablegen für den Reichtum und ritterlichen Charakter des Hauses. Aber sie mögen wohl in sehr alter Zeit dort gehalten sein.

Landmann. Das ist vielleicht möglich. Der Siegenpad hat ja auch schon von Alters her seinen Namen.

Nach freundlicher Verabschiedung entfernte sich der Landmann, da er keine Zeit mehr übrig hatte, uns zu begleiten.

Karl. Sollten etwa schon in vorchristlicher Zeit auf Hamern Ziegenheerden gehalten sein, so hängt dies ohne Zweifel zusammen mit der sächsischen Götterverehrung, mit der Bedeutung der Alstedde.

Ich. Du erinnerst dich jetzt wie ich vermute an eine Stelle, die bei Gregor dem Grossen vorkommt [1]), worin dieser Papst die Langobarden beschuldigt, dass sie, im Kreise herumlaufend, einem heidnischen Gotte den Kopf einer Ziege durch ein schändliches Lied geweihet hätten. Die Köpfe der Tiere wurden nämlich häufig als bevorzugte Teile der Opfer an Baumstämme gesteckt [2]).

Karl. Auch denke ich an einen Brief des Bonifacius (epist. 82), wonach in Thüringen Stiere und Böcke geopfert wurden.

---

[1]) Greg. M. dial. 3, 28.
[2]) Müller Gesch. der altd. Religion S. 79 u. Simrock Myth. §. 132.

Ich. Solche Ziegen- und Bockopfer gehörten vor allem zum Cultus des Donnergottes ¹).

Karl. Das Alles mag seine Richtigkeit haben, aber was den Siegenpad angeht, so frägt sich zunächst, ob dieser Name der altsächsischen Zeit angehört; wenn nicht, so hat er keinen Zusammenhang mit der Götterverehrung in Alstedde.

Ich. Er kann wenigstens in jene Zeit gehören; denn wenn pad auch in altsächsischen Quellen nicht vorkommmt, so findet es sich doch in anderen altniederdeutschen Mundarten, z. B. im Altfriesischen und im Angelsächsischen auch im Mittelwestfälischen ²). Dasselbe gilt von stall in Siegenstalsgoren. Goren ist das altsächs. gardo.

Karl. Das Alles bietet keine Schwierigkeit; aber — Ziege, Ziege?

Ich. Die heisst im Althochdeutschen ziga.

Karl. Und muss daher im Altsächsischen tiga heissen.

Ich. Nicht mit Notwendigkeit; denn dem althochdeutschen anlautenden z entspricht niederdeutsch nicht immer t, sondern zuweilen auch s, z. B. münsterisch siepel für das althochdeutsche zwibollo (Zwiebel), syrheit (Chron. 102) für althochd. zierida (Zierat) u. s. w.

Karl. Also ziga, meinst du, lautete im Altsächsischen siga.

Ich. Dafür spricht das neumünstersche siege und das mittelniederdeutsche sege ³).

Karl. Dann ist auch nicht zu bestreiten, dass sigunpad und sigunstalgardo im Altsächsischen möglich sind.

Ich. Fassen wir nun das bisherige Ergebnis zusammen. Die Bauerschaft Alstedde ist ihrem Namen nach eine heidnische Götterstätte unserer Vorfahren; sie hatte in vorchristlicher Zeit keine Bauernhöfe, und desshalb nur wenig urbares Land; meistens war sie mit Wald bedeckt, geräuschlos und einsam, so

---

¹) Müller a. a. O. S. 249 und Wolf Beiträge I, 113.
²) Emminghaus mem. Susat. p. 662.
³) Emminghaus l. l. 627.

dass in ihr das Wort Seneca's sich bestätigte (ep. 41): „Betritt einen Hain, dicht voll alter Bäume von ungewöhnlicher Höhe; ein Zweig bedeckt den anderen, und das dichte Laub wehrt den Aufblick zum Himmel; dieser hohe Wuchs des Waldes, die geheimnissvolle Stille, die Verwunderung üder den dichten, nirgends unterbrochenen Schatten weckt in dir den Glauben an die Gottheit".

Der Siegenpad aber und die Sage von ihm nebst dem Siegenstallsgoren führen bereits auf die Vermutung, dass der Hain vielleicht ehemals dem Donnergott oder Thor (niederdeutsch Dôr) geweiht gewesen.

§. 15.

Hamern.

Wir waren während unserer Unterhaltung bis zu der Stelle gekommen, wo die Burg Hamern (Fronte und Flügel) mit ihren zwei Türmen, ihren Oekonomiegebäuden und ihrer Kapelle nahe vor uns aus dem Gebüsche tauchte. Wir gingen, um sie zu besehen, zuerst um die Süd- und Westseite.

„Ich sehe hier, sagte Karl, keine moosbedeckten Ruinen, keine Grabstätten alter Herrlichkeit."

Ich. Was gewesen ist, wird immer Erbteil einer lebensfrohen Gegenwart, die den Schutt und die Trümmer vergangener Tage nicht gern unter ihren Füssen duldet.

Karl. Bloss der hohe, viereckige Turm scheint die Zeiten des dreissigjährigen Krieges gesehen und überlebt zu haben. Als altes Denkzeichen ist er stehen geblieben.

Ich. Es ist wahr, lieber Karl, du siehst nicht viel Altes auf Hamern; aber du hörst desto mehr.

Karl. Was denn?

Ich. Die Namen, mein Freund, die Namen; auf diese muss es uns doch vor allem ankommen.

Karl. Auf welche? nenne mir einige.

Ich. Zunächst den Namen Hamern selbst, den wir bisher noch gar nicht in Erwägung gezogen haben. Er bezeichnet nicht bloss diese Burg, sondern auch eine grosse, vorher schon genannte Bauerschaft an der Westseite Billerbecks.

Wie lautete dieser Name im Altsächsischen?

Karl. Er ist offenbar der Dativ der Mehrheit von hamur (Hammer), hiess also anfangs Hamuron, das durch Schwächung der Vokale in den unbetonten Silben Hameren wurde.

Ich. Sehr wahr! Solcher Eigennamen, die schon im ersten Fall Dativform (sei es der Einheit, sei es der Mehrheit) zeigen, gibt es im Altsächsischen überaus viele, z. B. Huson, Groningi, Guddingon, Nordhalon und alle auf lohon, bergon, rodon, hovon, hornon, huson u. s. w. ferner die auf rotha, kerikon, velde, thorpe, berge u. s. w. Noch in vielen der jetzigen Ortsnamen erkennt man die ursprünglichen Dativendungen, z. B. in Nordkirchen, Alverskirchen, Nienberge, Ostenfelde, Rinkerode, Hembergen. Höpingen, Schöppingen, Wetteringen u. s. w. Was bedeuten denn diese Dativformen? Das bedarf vor allem der Untersuchung, wenn wir den Namen Hamern verstehen wollen.

Karl. Ich erinnere mich, wie Jakob Grimm, der beste Gewährsmann in allen Fragen der deutschen Philologie, einen solchen Dativ auffasst. Durch Alamuntingun, sagt er, werde der Ort ausgedrückt, wo Alamund's Nachkommen wohnen [1]).

Ich. Was würde demnach Holthuson bedeuten?

Karl. Die Gegend, wo die im Holze erbauten Häuser liegen.

Ich. Was Datinghovon?

Karl. Die Stelle, wo Datings Hofgebäude sich befinden.

Ich. Noch kenne ich ein recht deutliches Beispiel, das eine Analogie für den Namen Hamern bietet.

Karl. Ich möchte es kennen lernen.

Ich. Du weisst, dass „Sahso", das althochdeutsche Wort für Sachse [2]), einen Mann bezeichnet, der ein sahs (d. h. Schwert, Messer) trägt. Der Dativ plur. dieses Wortes, Sahson, bedeutet „Sachsenland", nämlich das Land, wo die Sahsträger sind.

---

[1]) Vergl. Pfahler Altertümer S. 726.
[2]) S. Weigand's Wörterbuch unter „Sachse", Wackernagels Wörterbuch unter „Sahse".

Genau so bedeutet der dat. plur. Hamuron den Ort, wo die Hämmer sind, derselbe möge eine Burg oder eine Bauerschaft sein.

Karl. Die Hämmer aber waren die Symbole des Thor, wie die Speere die des Odin und die Schwerter die des Kriegsgottes [1]).

Ich. Und du erinnerst dich aus Tacitus [2]), dass solche Symbole in den heiligen Hainen aufbewahrt und von dort durch die Priester als Feldzeichen in die Schlacht getragen wurden.

Karl. Die ersten Herrn von Hamern sind also die Bewahrer und Träger solcher Feldzeichen gewesen, und wie Gerleve vom Speer des Odin, Billerbeck vom Schwert des Saxnote, so ist die Burg jener Ethelinge vom Hammer Thors benannt worden.

---

[1]) Simrock. Mythol. §. 136.
[2]) Germ. 7 und hist. IV, 22.

§. 16.

Drei Hämmer auf den Thorstätten.

Karl. Aber eine Schwierigkeit bleibt zu lösen. Gerleve hat von einem einzigen Speer seinen Namen, Billerbeck zwar vom plur. bilru, aber dieser steht wahrscheinlich zur Bezeichnung eines einzigen zweischneidigen Schwertes. Wie verhält es sich nun mit dem Plural Hamuron? Gab es vielleicht mehrere heilige Hämmer auf Burg Hamern?

Ich. Wie ich vermute, drei, nach den verschiedenen Zwecken, wozu die Hämmer als Werkzeuge des Cultus gebraucht wurden.

Karl. Welche Zwecke waren das?

Ich. Erstens wurden sie den Kriegerscharen als Feldzeichen vorangetragen, und waren dann oben auf Tragstangen befestigt, wie die zu Rheinau bei Schaffhausen ausgegrabenen Thorbilder und die bei Neunheiligen und Welbsleben gefundenen Hämmer erkennen lassen [1]).

---

[1]) Wagner's Altertümer Fig. 1026 a u. c; Fig. 850 u. 851; Fig. 1280, 1281, 1282. — Mone Geschichte des Heidentums u. s. w. Tafel III, 10 u. 11.

Zweitens aber dienten sie zur Einsegnung der Ehe, und hatten dann wahrscheinlich eine andere, diesem Zwecke entsprechende Form.

Karl. Kennt man denn die Ceremonie der vorchristlichen deutschen Eheweihung?

Ich. Sie ist bekannt aus der Thrymskvida, einem Gesange der Edda:

„Da hob Thrym an, der Thursenfürst: Bringt mir den Hammer, die Braut zu weihen,
Legt den Miölnir der Maid in den Schoss
Und gebt uns zusammen nach ehlicher Sitte ¹)."

Karl. Und dann noch ein dritter Gebrauch der Thorhämmer?

Ich. Derselbe kommt vor in der jüngeren Edda im Abschnitt Gylfaginning, dort, wo der Tod Nanna's, der Gemahlin des Baldur, erzählt wird. „Sie ward auf den Scheiterhaufen gebracht, und Feuer darunter gezündet, und Thor trat hinzu und weihte den Scheiterhaufen mit Miölnir."

Karl. Gibt es von der Beziehung des Thorhammers zum Totenreiche auch sonst noch Spuren?

Ich. Als solche möchten wohl die Hammerzeichen auf alten Grabsteinen Norwegens zu betrachten sein, vielleicht auch die sogenannten „Donnersteine" in den deutschen Graburnen.

Karl. Es hatte aber auch Thors Hammer gerichtliche Bedeutung. Durch Hammerwurf wurde die Gränze eines Besitzes oder einer Berechtigung festgestellt ²), in Obersachsen durch Hammerumtragen das Gericht angesagt, bei gerichtlichen Verkäufen mit dem Hammer der Zuschlag erteilt. Machten denn solche Sitten nicht einen vierten Hammer auf der Thorstätte nöthig? Warum sollen gerade drei heilige Hämmer auf Hamern gewesen sein? Warum nicht zwei oder vier? Diese würden ja auch den Plural in Hamuron rechtfertigen.

---

¹) Nach Simrock's Uebersetzung.
²) Müller a. a. O. S. 245.

Ich. Weil Hamern von Alters her drei Hämmer im Wappen hat.

Karl. Aber ich bitte dich, lieber Freund, was haben die Wappen der adeligen Häuser mit den heidnischen Götterstätten zu thun?

Ich. Sehr viel. Lies nur einmal Simrook darüber im dritten Buch seiner Mythologie in der Abhandlung über Priester und Priesterinnen (§. 137). „Die Symbole der Götter, schreibt er, dienten zu Heerzeichen (chumpal), und da die Heerhaufen nicht durch Zufall zusammengewürfelt waren, sondern aus verwandschaftlich verbundenen Geschlechtern bestanden [1]), so kommen wir hier dem Ursprung des Wappenwesens näher; denn diese Tierbilder (Symbole der Götter) erscheinen später als Geschlechtswappen".

Karl. Und ebenso, meinst du, wären auch die Hämmer des Thor, da sie gleichfalls Feldzeichen waren, in die Wappen des Adels gekommen?

Ich. Ganz gewiss, und zwar mehrmals drei zusammen.

Karl. Davon möchte ich Beispiele kennen, jedoch solche, die von einander unabhängig sind.

Ich. Die Fälle, deren ich mich erinnere, sind folgende:

1) Die fränkische Adelsfamilie von Altenstein hat zum Wappen drei silberne Hämmer im rothen Felde, die von den Heraldikern als Thor's Hämmer gedeutet werden [2]).

2) Im Brüsseler Staatsarchiv findet sich Nachricht von einer Familie Boccaert, deren Siegel im oberen Felde drei Hämmer zeigt [3]). Nun haben aber fast alle Namen, die wie Boccaert, durch Ableitung oder Zusammensetzung vom Dingwort boc (altsächsisch buc) herkommen, zu dem Thorkultus Beziehung. Dies zu erörtern, werden wir später Gelegenheit finden. Daher sind

---

[1]) Tac. Germ. 7: Non casus, non fortuita conglobatio turmam aut cuneum facit, sed familiae et propinquitates.
[2]) Bechstein, Mythe, Sage u. s. w. III, 74.
[3]) Wolf Beiträge zur Mythol. I, 76.

die drei Hämmer in Boccaerts Wappen ebenfalls Zeichen des Donnergottes.

3) Das dritte Beispiel ist diese münsterländische Burg Hamern.

Karl. Ich muss eingestehen, drei von einander so weit getrennte Geschlechter, ein fränkisches, ein flämisches und ein münsterländisches, müssen wohl ihr Wappen unabhängig von einander erworben haben. Die alte Ueberlieferung auf Thor's Cultusstätten wird es geschaffen haben.

§. 17.

Denkwürdige Stätten.

Wir waren unterdess zum Hofraum der Burg Hamern gekommen. „Ich besinne mich hier, sagte Karl, auf einen Brief des Fürsten von Pückler-Muskau, worin er den Eindruck beschreibt, den Warwick-Castle in England, der Erbsitz der Grafen von Warwick, auf ihn gemacht habe". „Was ich früher geschildert habe, schreibt er, war eine lachende Natur, verbunden mit allem, was Kunst und Geld hervorbringen können. Was ich aber heute sah, war mehr als dieses; es war ein Zauberort, in das reizende Gewand der Poesie gehüllt und von aller Majestät der Geschichte umgeben, dessen Anblick mich noch immer mit freudigem Staunen erfüllt." Mit steigendem Enthusiasmus beschreibt dann der Fürst die Grösse, die Bauten, die Säle, die Gemächer, Türme, Gärten des Schlosses, und was immerfort seine Darstellung belebend durchweht, ist die Erinnerung, „dass dort neun Jahrhunderte ihre sichtbaren Spuren, oder wo das nicht ist, doch ihr romantisch ungewisses Andenken hinterlassen haben". Muss nicht Burg Hamern, wenn auch der Eindruck ihres Aeussern nicht so grossartig ist, doch einigermassen verwandte Gefühle wecken? Gehörten nicht auch ihre Besitzer vor mehr als tausend Jahren zu den Mächtigsten des Landes? Keinen Herrn kannten sie über sich und nur freie Leute neben sich.

Ich. Und ihr Feldzeichen, den Thorhammer tragend, führten sie ihre Kriegerschar in den Kampf für Freiheit und Religion, den sie mit einem überlegenen Unterdrücker, mit dem Frankenkönig Karl, zu bestehen hatten. Dort über den Siegenpad, wo jetzt die Landstrasse über die Höhe führt, bewegte sich ihr Zug nach der Nordseite des Roruper Holzes. Hier lag der Bonenjägerstein, der Opferaltar ihres höchsten Gottes. Hier standen sie neben den Wehrfesten Gerleve's und befragten durch's Loos den weisen, aller Dinge kundigen Odin. Hier gelobten sie ihm die Gefangenen zum Opfer; hier flehten sie um Rettung der Freiheit und des Landes. Dann vereinten sie sich mit den Ethelingen von Nottuln, Roibart und Luibart, und lieferten dem Frankenkönig, der siegreich von der Bocholter Aa her vorgedrungen war, das blutige Gefecht bei Darup, in hiesiger Gegend das letzte für die alten Götter.

Karl. Wahrlich, ehrwürdige Orte sind das; die Jünglinge müssen sie kennen lernen und die Alten von ihnen erzählen; denn dort hat eine Begeisterung für Freiheit und Vaterland geglüht, die der Nachwelt zum ewigen Muster dienen kann.

§. 18.

Der Wellenbusch.

Wir waren über den Hofraum der Burg gegangen, hatten den alten Turm und die Kapelle besehen und waren an der Ostseite durch ein offenstehendes Thor zu dem Eingang eines hochstämmigen Gehölzes gelangt.

Ich. Hier sind wir im Wellenbusch, Karl, dem zur Seite die Wellenwiese liegt. Was hältst du von dem Bestimmungswort in diesen Namen?

Karl. Kommt es in hiesiger Gegend auch bei anderen Gütern vor?

Ich. Häufig, und zwar bei den ersten und grössten. In der Gemeinde Billerbeck z. B. gibt es einen Wellenbusch bei den Haupthöfen Langenhorst und Thier, einen Wellenkamp bei den Haupthöfen Esweg und Lutum, auch auf den Bauererben Gaussling, Hesper, Thesing. Ferner kommt das Wort vor im Namen des Schulzen Wellbergen in Darup und des Schulzen Welling in Laer u. s. w.

Karl. Der Ursprung des Wortes scheint mir unverkennbar. Es ist das altsächsische welo (in casu obliquo), das so oft im Heliand den Begriff „Besitz, Gut, Reichtum" ausdrückt[1]), und sogar dazu dient, die Herrlichkeit des Himmels zu bezeichnen.

---

[1]) Hel. 2159, 1098, 2137, 3603 u. s. w.

Widbred welo (weiter und breiter Besitz), thiod-welo (herrliches Gut), wid welo (weit ausgedehntes Gut) welo endi willio (Gut und Wonne) sind Ausdrücke für die ewigen Freuden [1]).

Ich. Und mit diesem selben Worte werden die Bauerngüter unserer Gegend benannt. Ein wie edles Selbstgefühl muss in den altsächsischen Wehrfestern geherrscht haben! Sie waren, wie mit Recht Vilmar aus den Darstellungen des Heliand folgert, ein wohlhabendes Volk, das seines Besitzes sich freuete und ihn mit Behagen genoss. Sowohl an den Höfen der Herrn, als auf den Erbsitzen der Grundeigentümer war ein gewisser Glanz mit einfacher Würde verbunden [2]).

Karl. Ist es dir aber nicht aufgefallen, dass das Wort welo in den Sprachdenkmälern, die nach dem Heliand entstanden sind, nicht mehr vorkommt?

Ich. Daraus erhellt, dass nicht nur Haus Hamern, sondern auch alle vorher erwähnten, mit welo benannten Bauerngüter der frühesten altsächsischen Zeit angehören, und dass schon damals manche Büsche, Kämpe, Wiesen auf derselben Stelle lagen, wo sie jetzt liegen; denn ihr Name muss entstanden sein, als welo noch ein gebräuchliches Wort war.

---

[1]) Daselbst 1841, 2120, 1239, 2605, 9850, 2137 u. s. w.
[2]) Vilmar deutsche Altertümer im Heliand. S. 45.

§. 19.

Aufzählung der anderen Merkwürdigkeiten der Bauerschaft Alstedde.

Ich. Lieber Karl, es ist schon eine Viertelstunde nach zwölf. Wir müssen jetzt nach Hause aufbrechen; diesen Nachmittag oder morgen können wir ja hierhin zurückkehren.
Karl. Gibt es denn hier noch Mehreres zu besichtigen und zu erläutern?
Ich. Noch sehr Vieles. Dort gleich an den Wellenbusch, worin wir uns befinden, stösst der Teufelskamp, und an diesen der Teufelsbusch; hier hat einst der Opferaltar des Donnergottes gestanden. Oestlich vom Teufelsbusch liegt der Bücker ein Name, der fast überall auf den grösseren Thorstätten sich findet. Nördlich von Teufelsbusch und Bücker erstrecken sich Dornau und Dornbusch, die vom Donnergott den Namen haben.

Und wenn wir nach der Westseite des Hauses Hamern uns wenden, finden wir gleich hinter der Chaussee eine Wihda (geweihtes Wasser) und einen Hilgenbusk, eine christlich benannte Stätte zur Seite eines heidnischen Heiligtums. Oestlich vom Hilgenbusk erstreckt sich der Sunnenbrink, der uns den zweiten Merseburger Zauberspruch in's Gedächtnis ruft, worin Sinthgunt und Sunna era Suister den Fuss eines Fohlens besprechen. Im Süden der Bauerschaft treffen wir den Deissel, dessen Name wahrscheinlich aus Diu oder Tiu und seli zusammenggesetzt ist, also den Saal des Kriegsgottes bedeutet. Auch Kiebitzkamp und Kiebitzwiese, sowie die Tückerbüsche und der Kotten Wrede sind der Beachtung wert. Für diesen Morgen jedoch müssen wir unsere Untersuchungen schliessen. Karl. So erlaube mir nur noch eine Bemerkung. Jedermann nimmt seine Vergleiche gern von seiner Beschäftigung her, ich als Lehrer nehme sie von der Schule. Und zwar vergleiche ich den bewohnten Erdboden mit einer grossen Schreibtafel, worauf die Menschen allerlei Zeichnungen machen: Häuser, Dörfer, Städte, Gärten, Aecker, Büsche, Wiesen u. s. w. Und bevor sie den Raum gehörig ausgefüllt haben, kömmt schon die Zeit und wischt mit ihrem Schwamm Schrift und Zeichnung weg, damit Neues an Stelle des Alten trete. Häufig verfährt sie so schonungslos, wie der Schnitter auf einem Weizenacker. Oft aber auch ergeht es ihr, wie den Mönchen im Mittelalter, die zwar das Pergament, worauf sie schreiben wollten, zur Vernichtung der alten Schriftzeichen, mit denen es bedeckt war, sorgfältig abrieben, aber dennoch nicht verhindern konnten, dass hie und da die alten Zeichen unter den neuen sichtbar und lesbar blieben. Man nennt derartige Handschriften Palimpseste. Ihnen gleichen gar sehr die münsterländischen Bauerschaften, welche unter und neben den Zeichen der neueren Cultur die deutlichsten Spuren der älteren und ältesten tragen. Sie sind gleichsam topographische Palimpseste. Ein Palimpsest aber, das so inhaltreich und lesbar wäre, wie die Bauerschaft Alstedde bei Billerbeck, ist mir bis jetzt noch nicht vorgekommen."

Wir gingen in heiterer Stimmung nach Hause und nahmen unser Mittagsmahl. Noch während desselben erhielt Karl einen Brief, den er mit grosser Aufregung las. Thränen traten ihm in die Augen. „Ich erhalte, sprach er, eine sehr betrübende Nachricht: meine alte Mutter ist schwer erkrankt und wünscht mich zu sprechen; es ist dir bekannt, wie sehr ich ihr anhange; ich muss so bald als möglich abreisen. Kannst du nicht einen Hauderer nach Appelhülsen bestellen?"

Nach dem Mittagessen stand der Wagen vor der Thür. Karl nahm traurig gestimmt Abschied. „Ich werde in diesen

Ferien, sprach er, nicht mehr wiederkommen können, und ich erlaube mir daher, dich um eine Gefälligkeit zu bitten, die dir zwar nicht wenig lästig sein mag, aber doch des guten Zweckes wegen von dir, wie ich hoffe, nicht verweigert wird. Du weisst, ich habe zwei Neffen zu Hause, die in ihren Studien bis zur Prima des Gymnasiums vorgerückt sind. Ich möchte gern Lust uud Freude an Geschichts- und Altertumsforschung ihnen einflössen, und halte dazu kein Mittel für geeigneter, als Umschau auf dem eigenen vaterländischen Boden. Daher bitte ich dich, schreibe mir Alles auf, was wir an der Erörterung des Thorheiligtums in der Alstedde noch fehlen liessen; ich kann dann ein abgerundetes Bild meinen Neffen vor Augen führen. Deine Briefe werde ich ihnen vorlesen. Und wenn es dir nicht ungelegen kommt, so erinnere dich auch der Gespräche, die wir heute geführt haben, und lasse beides, Gespräche und weitere Erläuterungen, drucken. Es wird wohl noch Menschen geben, deren geistige Richtung es mit sich bringt, solchen Studien Teilnahme entgegen zu bringen."

Ich versprach beides; der Wagen rollte davon. Als Karl mir nach einigen Wochen mitteilte, dass seine Mutter völlig hergestellt sei, begann ich sofort, mein Versprechen zu erfüllen; ich schrieb ihm folgende „weiteren Erläuterungen des Thorheiligtums in Bauerschaft Alstedde".

§. 20.

Teufelskamp und Teufelsbusch.

In der Nähe des Hauses Hamern nördlich vom Wellenbusch liegen der Teufelskamp und der Teufelsbusch. Sie erinnern an die vielen ähnlich benannten Gegenstände und Oertlichkeiten in ganz Deutschland, besonders in Westfalen. So gibt es einen Düvelsten zwischen Brakel und Borgoltshausen, Düvelstene bei Heiden, eine Düvelskuhle bei Horstmar, bei Lünen, bei Bottrop, eine Düvelskammer bei Ascheberg an der Davert, Düvelsbusk, Düvelstiege, Düvelswisk bei Wolbeck, Hellendal in der Alstedde bei Ibbenbüren, Hellenbusk hinter der Alst bei Horstmar, auch bei Freckenhorst u. s. w. Zum Verständnis der Entstehung dieser Namen ist erforderlich, dass wir uns an jene übernatürliche Wirksamkeit erinnern, welche Griechen und Römer den heidnischen Göttern zuschrieben, an die Orakelsprüche, die Weissagungen der sibyllinischen Bücher, an Opfer- und Vogelschau, an die ostenta, portenta, monstra, prodigia, omina, endlich an die Zauberkünste, von denen Virgil, Ovid, Horaz, Tibull, Strabo, Petronius und andere melden. Schon war die religiöse Ueberzeugung in der gebildeten Heidenwelt vielfach wankend geworden, als man die Wirklichkeit jener Wunderdinge noch allgemein glaubte. Wie hätten nun die Christen auf den Gedanken kommen sollen, die überall als wahr angesehenen Thatsachen und Erscheinungen für Täuschungen und Unwahrheiten zu erklären?

Man würde ihnen ja mit gleichem Masse eingemessen und die wunderbaren Ereignisse im Leben Christi für Dichtungen erklärt haben. Sie leugneten daher nicht die Wirklichkeit, sondern nur den göttlichen Ursprung jener Dinge. Sie schrieben sie der Wirksamkeit des Teufels zu und ihr Aufhören dem Siege Christi über die Macht des Teufels. Aus dieser Auffassung entsprang der Gedanke, dass die heidnischen Götter selbst Teufel seien. „Die Dämonen, sagt Tatian, sind Stifter der Abgötterei, und lassen sich, um ihren Hochmut zu sättigen, von den Heiden als Götter verehren [1])."

„Die Teufel, lehrt Minutius Felix (im Octavius) liegen in den ihnen geweihten Statuen und Bildnissen der heidnischen Götter. Dieselben erhalten, indem sie von ihnen beseelt und begeistet werden, das Ansehen einer gegenwärtigen Gottheit. Sie (die Teufel) beleben die Wahrsager, wohnen in den Tempeln, beseelen die Nerven der Eingeweide bei den Prophezeiungen, leiten den Flug der Vögel, entscheiden in den Losen, endlich sie sprechen die heidnischen Orakel aus [2])."

Das spätere Studium der Kirchenschriftsteller sicherte den Fortbestand dieser Anschauungen und bewirkte, dass auch die heidnische Religion der deutschen Völker in gleichem Sinne aufgefasst wurde. Daher schreibt Papst Gregor der Grosse von den Opfern, welche die Langobarden und Angelsachsen dem Teufel darbringen [3]).

In Willibalds Leben des heiligen Bonifacius, in der Lebensbeschreibung des h. Gallus, in Ruodolf's Uebertragung des h. Alexander und ähnlichen alten Geschichtsdenkmälern wird der heidnische Cultus der deutschen als Verehrung der Dämonen, als Teufelsdienst bezeichnet. Dieselbe Ausdrucksweise kehrt in der Gesetzgebung wieder, z. B. in dem Reichscapitulare von 785 [4]),

---

[1]) Vergl. Horst Daemonomagie I, 43.
[2]) Das. I, 362.
[3]) Greg. M. dial. 3, 23 — Beda eccl. hist. c. 30.
[4]) §. 9 Wer einen Menschen dem Teufel opfert u. s. w. §. 21 Wer zu Ehren der bösen Geister speisst u. s. w.

auch in kirchlichen Formularen, wie in der bekannten altsächsischen Abschwörungsformel, worin der Täufling gelobt, dass er dem Thuner, Woden und Saxnote widersage — und allen den Teufeln (Unholden), die deren Genossen sind.

Was waren demnach die vielen in Deutschland nach dem Teufel benannten Plätze und Gegenstände, die Teufelsbäume, Teufelssteine, Teufelskammern, Teufelskuhlen, Teufelslöcher, Teufelsbüsche, Teufelsbruche, Teufelskanzeln, Hellenhöke, Hellenbüsche u. s. w.? Ohne Zweifel nichts anderes, als Cultusstätten der heidnischen Götter. Zuverlässige Nachrichten beweisen es. In der Lebensbeschreibung des h. Amandus[1]) z. B. und in der Dekreten-Sammlung des Burchard von Worms (10, 10) kommen Bäume vor, die „den Teufeln geweiht waren" (arbores daemonibus consecratae). Das Concil von Nantes vom Jahr 895 erwähnt, dass das Volk dieselben so sehr in Ehren halte, dass es keinen Zweig und kein Reis abzuschneiden wage. Dies waren Teufelsbäume. In dem Capitulare von 785 ist von Quellen, Bäumen und Hainen die Rede, an denen man opferte und zu Ehren der bösen Geister etwas genoss; das waren Teufelsbüsche und Teufelsbrunnen. Das Concil von Nantes kennt auch Teufelssteine. Es sind solche, welche die Menschen, von den Teufeln am Narrenseil geführt, verehren, und an denen sie Gelübde machen und erfüllen.

Aus allem Gesagten ergibt sich nun, was der Teufelskamp und der Teufelsbusch bei dem Hause Hamern zu bedeuten haben. Die ganze Alstedde, die spätere Bauerschaft, war ihrem Namen nach ein Heiligtum der Götter. Der dem Thor geweihte Raum lag als der grösste und wichtigste in der Mitte, auf ihm das Haus Hamern, und in der Nähe von diesem das innere Heiligtum des Gottes, die eigentliche Opferstätte Thors, wo ihm Böcke und Ziegen geschlachtet und deren Köpfe an den Bäumen befestigt wurden. Von solchen Stätten hatte man in der ersten christlichen Zeit dieselbe Vorstellung, welche

---

[1]) Mabillon act. Benedict. sec. 2 pag. 718.

die Lebensbeschreibung des h. Remaclus über die den Göttern geweihten Quellen ausspricht. „Sie waren, heisst es, durch die die Irrtümer des Heidentums befleckt und daher — auch später noch der Anfeindung der Teufel unterworfen [2]. Desshalb die Namen Teufelskamp und Teufelsbusch.

---

[1] Fontes etiam, hominum quidem usibus apti, sed gentilismi erroribus polluti atque ob id etiamnum daemonum infestationi obnoxii. Vita Sti Remacli ep. traj. c. 12.

§. 21.

Die Bücker.

Gleich an der Ostseite vom Düvelsbusch und Düvelskamp lagen früher zwei Kötter Bücker, der grosse und der kleine, von denen der erstere in neuerer Zeit die Grundstücke des letzteren angekauft hat.

Ein Kotten aber oder wenigstens ein Feldbezirk, der Bücker heisst, liegt fast auf allen grösseren Thorstätten und ist sicheres Merkmal derselben.

Beispiele:

1) Der Wihgarden bei Billerbeck, den sein Name als Götterstätte erkennen lässt, umfasst eine tiefe Schlucht, welche die Donnerschlänke heisst; eine kleine Strecke nördlich von derselben liegt die Donnerkuhle. Schon diese Namen verraten das Heiligtum Thors. Und was liegt an der Südseite des Wihgarden? Ein Complex von Ackerstücken, welcher — der Bücker heisst.

2) Ferner ist die Bauerschaft Hamern ebenso wie das Haus Hamern, — ein Ort, wo die Hämmer sind. Daher findet sich in ihr der nach Thors Böcken benannte Buckenkamp, neben demselben aber, wie so oft, eine Stätte mit christlicher Benennung, der Hilgenesch, und auf diesem ein ziemlich grosses viereckiges Grundstück, das — der Bücker heisst.

3) Du wirst mir zugeben, lieber Karl, dass der Name der

Bauerschaft Bockelsdorf aus Buc-alhes-thorp entstanden ist, indem durch das a der zweiten Silbe das u in buc zu o gebrochen wurde. Es heisst demnach das Wort „Bockheiligtumsdorf" und und benennt eine Cultusstätte Thors. Und was weist diese wiederum auf? Zwei Kotten, die zusammen der Bücker heissen.

4) In der Bauerschaft Höpingen liegt oben auf einer Anhöhe der Bockel, ursprünglich Bucalh (d. h. Bockheiligtum), der schon durch den nebenliegenden christlich benannten Busch „Himmel" als heidnische Götterstätte und durch die Zusammensetzung des Namens mit buc als Thorstätte kennbar ist. Der Hügel aber, der dem Bockel gegenüberliegt, trug früher anstatt der Windmühle, die jetzt auf ihm steht, einen alten Kotten Bücker.

5) Ebenso grenzt in Bauerschaft Gerleve an ein Bockheiligtum (Bückel mit ungebrochenem u) ein Kamp, der Bücker heisst.

6) Beim Dorfe Darfeld deuten Bückendal und Bukhorst offenbar auf Thorcultus; im Dorfe selbst zeigt das Bückersend die Stelle des früheren Bücker an.

7) Bei Nienberge verkünden der Donnersberg und Donnersbusch durch ihre Namen den Schauplatz der Thorsverehrung; einige Minuten von beiden liegt der Kotten Bücker.

Es werden dir, lieber Karl, der Beispiele bereits übergenug sein; ich könnte dir sonst noch manche aus anderen Gemeinden aufzählen. **Du siehst, wie die Bücker die Thorstätten kennbar machen.** Sie finden sich in der Regel an Orten, von denen auch aus anderen Gründen anzunehmen ist, dass sie den Göttern geweiht waren, so z. B. ein Bücker beim Düvelsbusk in Wolbeck, einer bei der Düvelskammer in Ascheberg, einer bei der Alstedde zwischen Wolbeck und Angelmodde, einer auf dem Kiessendal (Christenthal) in Bombeck, einer beim Himmelsbusch auf der Beerlage, einer in Bauerschaft Heven (Himmel) bei Schöppingen, ein Bückerskamp in Bauerschaft Alst bei Horstmar, u. s. w.

Aber was heisst denn Bücker?

Das Wort ist mit der Endung âri oder ari (mit Umlaut eri)

abgeleitet von buc (Bock)[1]). Da nun jenes Suffix zur Bezeichnung solcher Personen dient, deren Thätigkeit sich auf den Begriff des Stammwortes bezieht; da z. B. gardari einen Mann bedeutet, der den Garten pflegt, fiscari einen solchen, der Fische fängt, bakkeri (Freck. Heb. 533) einen, der das Backen besorgt, so muss bucari (später bukere, dann bucker, im 17. Jahrhundert bücker) auf Thor's Kultusstätten der Mann gewesen sein, der bei den Ceremonien des Bockopfers seine Dienste leistete, das Opfertier, wie üblich war, schmückte und bekränzte, es an hohen Festen dreimal um das Heiligtum oder durch die Versammlung des Volkes führte [2]), es zum Altar brachte, es festhielt beim Schlachten, den Opferplatz reinigte, bewachte und beschützte u. s. w. Der Bücker war mit einem Worte ein Seitenstück zu dem späteren christlichen Küster.

Ich kann aber an dieser Stelle, lieber Freund, die Bemerkung nicht unterlassen, dass die vielen Bücker im Münsterlande für die Altertumskunde noch aus einem anderen Grunde Bedeutung haben, als deshalb, weil sie zuverlässige Merkmale der Heiligtümer Thors sind. Sie liefern nämlich den Beweis, dass die sogenannte Eigenhörigkeit der Güter schon der vorchristlichen Zeit unseres Landes nicht unbekannt war. Denn jene Bücker, die nirgends Wehrfester oder Kolone, sondern überall nur Kötter sind, besassen ihre Grundstücke nur ihres Amtes wegen, konnten mithin bloss zum Erbniessbrauch berechtigt sein, der ihnen so lange zustand, als sie auf der Thorstätte ihre Dienste zu versehen bereit und fähig waren. Genau so zeigt sich später das Verhältnis der hörigen Kolone. Nicht sie, sondern die Gutsherrn waren die Eigentümer der Höfe; sie aber hatten den Erbniessbrauch, und es konnten weder sie selbst, noch ihre Nachkommen vom Hofe entfernt werden, so lange sie ihre Dienste leisteten und ihre Pflichten erfüllten.

Wie haben wir uns aber das Entstehen dieser Hörigkeit zu

---

[1]) Vergleiche die niederd. Psalmenübersetzung 65, 15: 'offran sal ik thi obson mit buckin (offeram tibi boves cum hircis).

[2]) Pfahler Altertümer. S. 645.

denken? Um dem Druck der Staatslasten, namentlich der Pflicht des Heerbannes sich zu entziehen und Schutz gegen die vielfachen Uebel der Zeit zu gewinnen, traten die Wehrfester freiwillig in ein Verhältnis, welches bereits vor Einführung des Christentums auf den Thorstätten und wahrscheinlich auch sonst noch bestand. Sie leisteten Dienste, übernahmen Verpflichtungen und wurden Erbnutzniesser ihrer Güter, und zwar ihrem Wunsch und freien Willen gemäss; denn sie gewannen dadurch Sicherheit gegen Gefahr nnd Befreiung von drückender Last. Ohne Zwang, ohne Gewaltthat, ohne Usurpation ist die Hörigkeit entstanden, sowohl in christlicher als in vorchristlicher Zeit.

§. 22.

Thor als Gespenst und Teufel.

Wihda, Hilgenbusk, Sunnenbrink, Deissel u. s. w. sind Oertlichkeiten in der Bauerschaft Alstedde, die zwar sämmtlich mit der ehemaligen Götterverehrung zusammenhangen, aber nicht mit dem Thorcultus. Ich übergehe sie daher und erwähne nur noch zwei Stellen, die vom Donnergott benannt sind. An Düvelsbusk, Düvelskamp und Bücker schliesst sich nämlich nördlich eine lange grüne Trift, die Dornau (plattdeutsch Daonao); ihr zur Seite liegt ein Kamp, der Dornbusch (Daonbusk) heisst. Diese Plätze erinnern an die vielen anderen überall in Deutschland vorkommenden Ortsnamen, die mit Dorn zusammengesetzt sind, z. B. Dorna, Dornach, Dornbach, Dornberg, Dornburg, Dorndorf, Dorneck, Dornheim u. s. w.

Nicht mit Unrecht wird von Altertumsforschern vermutet [1], dass das Bestimmungswort in jenen Benennungen aus Donar sich gebildet habe; eine Nachricht in Simrock's Mythologie in §. 78 enthält für die Richtigkeit dieser Ableitung einen urkundlichen Nachweis. „Thor", sagt Simrock, „der im Gewitter waltet, ist nach dem Donner benannt; sein deutscher Name war Donar. Das nordische Thorr ist aus Thonar entstanden, indem zuerst das a verstummte, dann das n vor r ausfiel, so dass sich Thor ergab; das zweite r in Thorr ist bloss flexivisch; es wird in gen.

---

[1] Bechstein a. a. O. III, 57.

durch s ersetzt. Ebenso finden wir in deutschen Dialekten den nach Donar benannten Donnerstag in Dorstag gekürzt; der Donnersberg in der Pfalz heisst nach dem Rheinischen Antiquarius Dorsberg, und Dorsheim bei Bingen nach dem Stromberger Zinsbuch noch 1481 Dornsheim."

Es ist somit aus Donar sowohl Dör (in Dorstag), als Dorn (in Dornsheim) entstanden.

Im Münsterländischen verstummte das a in der Endung von Donar; Donr aber wurde durch Metathesis der liquidae zu Dorn, letzteres zu Daon, wie torn (Turm) zu taon, korn zu kaon, horn zu haon. Daonao und Daonbusk sind also Donnerau und Donnerbusch. Und in dieser grünen Trift nun, in der Donnerau oder Dornau, gibt es der Sage nach eine Merkwürdigkeit, die ich nicht übergehen darf; schon in meiner Kindheit habe ich Kunde von ihr bekommen. Als ich nämlich einmal als kleiner Knabe mit meinem Bruder nach dem Dorfe Darup gegangen war, um weisse Kaninchen zu holen, drängte der Bruder, auf dem Heimwege trotz des Korbes, den er zu tragen hatte, immerfort zur Eile. „Warum denn so eilig?" Der Bruder: „Damit wir noch vor Abend durch die Dornau kommen. Weisst du denn nicht, dass dort der schwarze Bock geht und jeden, der ihm begegnet, mit den Hörnern stösst und in den Graben wirft?" Wir drängten uns zusammen und eilten beschleunigten Schrittes durch den verrufenen Bezirk. Unzählige Mal habe ich seitdem von dem nämlichen Spuk, von dem schwarzen Bock in hiesiger Gegend gehört, sogar noch in den letzten Jahren. Uralt ist dieser Aberglaube, denn er versetzt das Gespenst stets nur auf Plätze, die in vorchristlicher Zeit dem Donar geweihet waren, z. B. auch in den Wihgarden und auf die grosse Alstedde bei Billerbeck, ferner in den Busch Dorenbeck auf dem Hofe Bertling bei Roxel u. s. w.

Woher nun dieser Aberglaube? Woher der spukende Bock auf den Thorstätten? Vielleicht von den zwei Böcken, mit denen Thor durch die Lüfte fuhr? Dann müsste doch irgendwo das Gespenst in doppelter Zahl vorkommen. Der Grund ist ein anderer. Man stellte sich nämlich den Donnergott, wie aus den in §. 16 erwähnten, bei Rheinau aufgefundenen Bildern erhellt, als gehörnt vor; ja das eine der Bilder zeigt deutlich, dass die Phantasie des Volkes schon in heidnischer Zeit ihn als Bockgott auffasste. Daher heissen seine Cultusstätten in Norddeutschland sehr häufig Bockheiligtum (bok-al). In dem oft vorkommenden Ortsnamen Bockel nämlich ist das e der zweiten Silbe ursprünglich a gewesen, weil es durchgängig die Brechung des u zu o in der ersten Silbe veranlasst hat [1]). Solche Bockel (Bocksheiligtümer) gibt es überall in Norddeutschland, z. B. bei Rotenburg, Jeven, Bremerförde, Hagen (in Hannov.), Soltau, Hankesbüttel, Stade, Sulingen, Ankum, Aschendorf, Wagenfeld, Berge, Harsefeld (alle diese bloss in Provinz Hannover); ferner Zusammensetzungen mit Bockel: Bockelkathen bei Hohnsdorf, Bockelskamp bei Zelle, Bockelsberge bei Gifhorn, Bockelersyhl und Bockelerweg bei Aschendorf u. s. w. Hier bei Billerbeck der Bückel in Gerleve, der Bockel in Höpingen und Bauerschaft Bockelsdorf nördlich von der Stadt. —

Alle diese Plätze haben ihren Namen „Bockheiligtum" nicht etwa von dem Bockopfer an den Thorstätten, sondern von der Bocksgestalt, worin der Gott gedacht wurde. Bestätigt wird diese Ansicht durch eine alte Ueberlieferung, die in „Tibus, Gründungsgeschichte der Stifter u. s. w. auf Seite 1094 zu lesen ist: „Nach Nünning (Mspt.) war es in Ramsdorf (bei Borken) beständige Tradition, dass der Ort schon zur Zeit des h. Ludgerus bestanden habe, und dass die von ihm dort vorgefundenen heidnischen Bewohner auf dem benachbarten Lunsberge einem Widder Opfer zu bringen gepflegt hätten." Dieser Widder ist ohne Zweifel der Bockgott Thor, der nämliche, der auf den alten Thorstätten spukt; nur ist er auf diesen schwarz, weil nach Verbreitung des Christentums die heidnischen Götter für Mächte der Finsterniss angesehen wurden. In den Sagen des Mittelalters kehrt dann ebendiese Vorstellung vom „Teufel in Bocksgestalt" sehr oft wieder. Ueber den Untergang der Burg Althornberg wird zum Beispiel erzählt [2]), dass die Ritter dort nach Plünderung ei-

---
[1]) u wird durch ein a in der folgenden Silbe zu o, i zu e gebrochen.
[2]) Wolfs Beiträge II, 29.

nes Frauenklosters ein schwelgerisches Mahl und einen zuchtlosen Ball gehalten hätten. Da habe die Burgmagd sie abgemahnt mit dem Bemerken, dass ein schweres Gewitter heranziehe; aber sie sei verlacht und hätte das Schloss verlassen. Bald nachher hätten die Ritter unter den Tanzenden einen mit Schweif und Geisfüssen gewahrt, und in demselben Augenblick sei der Blitz in die Burg gefahren und habe alle getötet. Der Vollzieher der Strafe ist hier der Mann mit Schweif und Geisfuss, der alte Donnergott. Seine Gestalt aber, besonders das Merkmal der Bocksfüsse, erscheint auch in anderen Sagen und später sogar in bildlichen Darstellungen. So steht in einem um 1608 zu Antwerpen herausgegebenen Buche ein bockfüssiger Teufel abgebildet, der in der einen Hand einen Hammer, in der anderen Blitze schwingt [1].

Als alter Bockgott findet sich der Teufel ferner in den abergläubischen Berichten über die Hexenversammlungen. Bei dem Ketzerrichter Alphons de Spina, der um 1459 lebte, steht folgende zur Uebersetzung nicht geeignete erste Beschreibung eines später sogenannten Hexensabbathes: Perversae mulieres in Delphinatu et Vasconia se asserunt concurrere de nocte in quadam planitie deserta, ubi est caper quidam in rupe, et quod ibi conveniunt cum candelis accensis et adorant illum caprum, osculantes illum in ano suo [2]. Wem fällt nicht dabei der angebetete Bock auf dem Lunsberg bei Ramsdorf ein? Gott Thor im altsächsischen Heidentum und der Teufel im Aberglauben der christlichen Zeit sind dieselbe Figur.

Auch die Dienste, die der Teufel den Hexen leistet, erinnern an die Thätigkeit, die nach der deutschen Mythologie der Donnergott übt. So hilft er ihnen Blitz, Donner und Hagel schaffen, und wie er nach der heidnischen Vorstellung mit seinen Böcken durch den Aether fuhr, so trägt er als Bockteufel die Hexen in raschem Ritt durch die Luft, oder holt ihnen ihre Buhlen oder fliegt mit ihren Beleidigern zur Züchtigung umher. Ganze Bücher sind über solche Bockfahrten in den Zeiten des

---

[1] Wolf, Das. L. 66.
[2] Horst Dämonomagie I, 105.

Aberglaubens geschrieben; z. B. im siebzehnten Jahrhundert die Schrift des Scherertzius de hirco nocturno (über den nächtlichen Bock), ferner Lerchheimer's theologisches Bedenken vom Bock- und Gabelfahren. Aus letzterem teile ich dir zur Probe und Belustigung folgende Geschichte mit:

„Ein gewisser Salzknecht zu Kolberg in Pommern, der hatte sich ein altes Weib genommen, so eine Hexe gewesst. Er fand aber keinen Gefallen mehr an ihr, und dieweil er ein Hesse von Geburt war, so gab er vor, er wolle auch einmal wieder nach seinem Vaterland reisen und zusehen, was seine Freundschaft mache. Seine alte Ehehälfte willigte dess ungern ein, er reiste aber seines Willens stracks ab. Unterwegs, als er einige Tage fort war, so kommt auf dem Wege von hinten zu — der Bock, schlüpfet ihm zwischen die Beine, hebet ihn solchergestalten in die Höhe, und bringet ihn über Berge und Thal wieder heim vor die Thüre, allwo er ihn also niedergesetzet. Seine alte Hausfrauen war dess fast froh, sagende: Schau, Fränzel, bist schon wieder da! So soll man dich lehren, fein daheim bleiben."

Inhalt.

§. 1. Einleitung 3
Erstes Kapitel. Ueber die ersten Stufen der Culturentwicklung im Münsterlande.
§. 2. Erklärung des Wortes thorp 5
§. 3. Haus und Familie — das erste thorp 6
§. 4. Die Bauerschaft — das zweite thorp 8
§. 5. Die deutschen Dörfer zur Zeit der Römer 10
§. 6. Ein Einwand aus Tacitus 13
§. 7. Das Kirchdorf — das dritte thorp 15
§. 8. Die Bauerschaften in christlicher Zeit 19
Zweites Kapitel. Die Bauerschaften und die Götterstätten.
§. 9. Die Höfe um die Götterstätten 22
§. 10. Die Höfe und die Odinstätten 30
§. 11. Die Höfe und die Cultusstätten des Kriegsgottes 39
Drittes Kapitel. Bauerschaft Alstedde, ein topographisches Palimpsest.
§. 12. Der Name Alstedde 48
§. 13. Die Höfe in Alstedde 51
§. 14. Der Siegenpad 54
§. 15. Hamern 58
§. 16. Drei Hämmer auf den Thorstätten 61
§. 17. Denkwürdige Stätten 65
§. 18. Der Wellenbusch 67
§. 19. Aufzählung der anderen Merkwürdigkeiten der Bauerschaft Alstedde 69
§. 20. Teufelskamp und Teufelsbusch 72
§. 21. Die Bücker 76
§. 22. Thor als Gespenst und Teufel 80

Aschendorff'sche Buchdruckerei in Münster.